未来対話

君と歩む勝利の道

池田大作

聖教新聞社

JN292148

未来部の代表を励ます池田名誉会長（沖縄で）

目次

一、本書は、「未来ジャーナル」に連載された池田名誉会長の「未来対話――君と歩む勝利の道」（二〇一二年五月号～二〇一四年三月号）を収録しました。収録にあたって、一部加筆・訂正されています。

一、御書の引用については、『新編　日蓮大聖人御書全集』（創価学会版）を（御書〇〇ページ）と表記しました。

一、仏教用語の読み方は、『仏教哲学大辞典』（第三版）を参考にしました。

一、肩書、名称、時節等については、掲載時のままにしました。

一、引用・参考文献は、各編末にまとめて表記しました。

一、編集部による注は、（＝　）と記しました。

装幀・デザイン　亀井伸二
イラスト　斉藤みお

未来対話

君と歩む勝利の道

1

さあ 出発しよう！

アメリカの民衆詩人
ウォルト・ホイットマン

徒歩で、陽気に、
わたしは大《だい》道《どう》を歩き出す
今から後わたしは幸運を求《もと》めない、
このわたし自身が幸運なのだ

みんなが勝つために私はいます

池田名誉会長　「未来ジャーナル」の誕生《たんじょう》、おめでとう！

こうして新しい新聞紙上で、最《もっと》も期待《きたい》し、信頼《しんらい》する未来部の君たちと対話できることが、私はうれしい。

私は、日本中、世界中から、毎日毎日、たくさんの報告やお便《たよ》りをいただきます。大切な同志《どうし》の近況《きんきょう》はもとより、各国の指導者や学識者《がくしきしゃ》の方々《かたがた》からのお手紙や連絡もあります。

また、いくつかの対談も、連載《れんさい》が続いています。

そうした中で、何にもまして私の心が弾《はず》むのは、中等部や高等部の皆《みな》さんが元気に成長している姿《すがた》や、一生懸命《いっしょうけんめい》に努力している様子《ようす》をうかがうことです。

ぐんぐんと伸《の》びていく君たちの若き生命ほど、まぶしいものはありません。

もちろん、一生懸命《いっしょうけんめい》に努力しても、なかなかうまくいかないこともあるでしょう。しかし、一生懸命であるということ自体が、素晴《すば》らしいのです。

自分では意識《いしき》していないかもしれないけれど、生きることは戦いです。全細胞《ぜんさいぼう》が、生きよう、生きようとしている。目に見えない病原菌《びょうげんきん》とだって必死で戦っている。だから、毎日、成長するんです。

日蓮大聖人《にちれんだいしょうにん》の仏法《ぶっぽう》は、一生懸命《いっしょうけんめい》、生きる人のためにあります。生きて生きて、生き抜《ぬ》くためにあります。幸福になるためにあります。勝つための信心です。

ですから、みんなが勝つために、私はいるんです。

本当なら、すぐにでもみんなのもとへ飛んでいき、語り合いたい。みんなが、今、悩《なや》み、考えていることを、一緒《いっしょ》に考えていきたい。

一番大事な皆《みな》さん方《がた》を、少しでも励《はげ》まし、力《ちから》づけたいのです。

皆《みな》さん方《がた》のことを真剣《しんけん》に応援《おうえん》してくれている、お兄さんやお姉さんたちも交《まじ》え、また、時には、お父さんやお母さん方もお招《まね》きして、お茶でも飲みながら、さわやかな緑の公園で楽しく語り合う。そんな思いで、この「未来対話」を始めましょう。

＊

——中等部、高等部のメンバーは、本当にさまざまな悩《なや》みを抱《かか》えています。勉強や将来の進路、学校での人間関係、自分の性格や容姿《ようし》のこと、両親のことなど……。厳《きび》しい経済不況《ふきょう》も、メンバーの家庭に深刻《しんこく》な影響《えいきょう》を与《あた》えています。「いじめ」の問題も根深《ねぶか》くあります。最近は、インターネットを悪用したケースも増《ふ》えています。

名誉会長　複雑《ふくざつ》な時代だね。本当に難《むずか》しい問題ばかりです。

私の青春時代とは、今は世《よ》の中が大きく違《ちが》います。

みんなは元気かな、大丈夫《だいじょうぶ》かなと、何をしていても、皆《みな》さんのことが心から離《はな》れません。

今から四十年前（一九七二年）に、私は、偉大《いだい》な歴史学者のトインビー博士と対話を交《か》わしました。

当時、八十代だった博士は、ひ孫《まご》たちの世代が生きる時代のことを基準《きじゅん》にして、物事《ものごと》を考えていると言われました。未来のために心を尽《つ》くしていくことが、若々しく生きる秘訣《ひけつ》であるとも、微笑《ほほえ》んでおられました。

私も博士と同じ年代になって、その気持ちがよく分かります。

私も、皆《みな》さんから、たくさん教えてもらいたい。そして、共々《ともども》に未来へ進んでいきたいのです。

未来を見つめ、よりよくしていくために、貴重《きちょう》な鏡《かがみ》となり、糧《かて》となるもの——それが、歴史です。また先人たちの知恵《ちえ》です。

ですから、私が学んできた人類の精神の遺産《いさん》、また戦いのなかでつかんできた「心の宝《たから》」を、皆《みな》さんにお伝えしながら、対話を進めていきたいと思います。

特に私は、青春時代、「戸田大学」に学びました。毎日毎朝、人生の師《し》である戸田城聖《じょうせい》先生から万般《ばんぱん》の学問を教えていただいたのです。

先生は、それはそれは厳《きび》しかった。「大作、今、何を読んでいる?」とも、よく聞かれました。

一冊の本も、深く深く掘《ほ》り下げて、そこに書かれた思想の真髄《しんずい》を教えてくださいました。

一つ一つが、ありがたい薫陶《くんとう》でした。それが、私の「宝《たから》」です。その全《すべ》てを、みんなに贈《おく》りたいのです。

＊

——ありがとうございます。

メンバーにとって、池田先生との大事な原点になると思います。特に東日本大震災《だいしんさい》（二〇一一年三月十一日）を通《とお》し、皆《みな》が共々《ともども》に立ち上がる「言葉の力《ちから》」が、あらためて見直されています。

名誉会長　本当にそうだね。

東北の被災地《ひさいち》でも、中等部、高等部のみんなが、友達や家族で励《はげ》まし合いながら、苦難《くなん》と戦い続けていることも、よくうかがっています。

あまりにも過酷《かこく》な試練《しれん》の中で、懸命《けんめい》に自分の思いを言葉にし、声をかけ合って、負けるものかと、前へ進んできました。

偉《えら》い。本当に偉い。私は、みんなを心から褒《ほ》めてあげたい。

人生には、言葉を失《うしな》うような出来事《できごと》がある。言葉では言い尽《つ》くせない悩《なや》みや苦しみもあります。

しかし、それでも言葉にして、少しでも分《わ》かち合うことができれば、そこから光が見えます。解決《かいけつ》の道が開《ひら》けます。言葉は心と心をつないでくれるからです。

この対話の副題は、「君と歩《あゆ》む勝利の道」だね。

私一人でもなく、今、この新聞を読んでいる君一人でも、あなた一人でもない。どこまでも、私たちは一緒《いっしょ》なんです。私と、また良き友、良き先輩《せんぱい》、良き後輩《こうはい》と共《とも》に、一歩一歩、勝利へ向かって歩《ある》いていくんです。

その意味から、今回は、ホイットマンの詩を選びました。ちょっと難《むずか》しいかもしれないけど、私は大好きなんです。一緒に読みましょう。

――はい。アメリカの民衆《みんしゅう》詩人ウォルト・ホイットマンの「大道《だいどう》の歌」からです。

「徒歩《とほ》で、陽気に、わたしは大道《だいどう》を歩き出す、
健康で、自由に……」

「今から後わたしは幸運を求《もと》めない、このわたし自身が幸運なのだ、
今から後わたしはもうこっそり話などはしない、もうひきのばしなどはせぬ、何ものをも入用《にゅうよう》としない、
家の内での愚痴《ぐち》や、知ったかぶりや、あら捜《さが》したらだらの批評《ひひょう》など飽《あ》き飽きした、

力強《ちからづよ》く、満足して、わたしは大道《だいどう》を旅する。」

ホイットマンは、リンカーン大統領《だいとうりょう》と同時代を生き、民主主義の理想を高らかに歌いました。

名誉会長　「大道《だいどう》の歌」という題名も素晴《すば》らしい。明るいじゃないか。

「大道《だいどう》」は、英語のタイトルでは「オープンロード」です。「開《ひら》かれた道」「自由な道」「広やかな道」という意義もあるでしょう。

みんなの未来も、この詩のように、大きく大きく開《ひら》けています。だれ人《びと》たりとも、皆《みな》さんの行く手をさえぎることはできません。

私がこの詩を読んだのは、戸田先生とお会いした後《のち》の、皆《みな》さんより少しお兄さんのころです。

私の青春時代は戦後の混乱期《こんらんき》です。それまでの価値観《かちかん》が崩壊《ほうかい》した時代です。私たち青年は、何も信じられなかった。

戦争が終わって、皆《みな》、どうやって生きていけばいいのか。確《たし》かなものが見出《みいだ》せませんでした。

加えて、私は結核《けっかく》を患《わずら》っており、医師からは「三十歳までは生きられない」と言われていました。夕方になると、決まって微熱《びねつ》が出ました。本当に苦しい毎日だった。精神的にも、肉体的にも疲《つか》れ切っていました。その中で、ただ本だけが「確《たし》かなもの」として目の前にあったのです。

当時、本は、なかなか手に入らなかった。皆《みな》さんには想像もつかないかもしれませんが、長時間、本屋の前に並《なら》んでも買えないこともあったのです。ホイットマンの詩集『草の葉』は、そうした時に手に入れた、まさに「宝《たから》の一書」でした。

私はこの詩を読み、心に残った部分は暗唱《あんしょう》しました。口《くち》に出すたびに、大詩人の魂《たましい》が私の体を駆《か》け巡《めぐ》るように感じました。そうやって、自分を励《はげ》まし、鼓舞《こぶ》していきました。

師匠《ししょう》・戸田先生は、そんな私に最高の大道《だいどう》を開《ひら》いてくださったのです。十九歳で初めてお会いし、先生の「大道の旅」を、共々《ともども》に歩《あゆ》ませていただきました。

この詩のように、私は本当に幸運でした。何よりも幸せでした。もう何も、いりませんでした。

先生の進んでこられた道が、私の道になりました。先生の弟子として、私は戦い、勝ちました。今も、その道を歩《あゆ》み続けています。私には、一点の後悔《こうかい》もありません。

——私たちも、「大道《だいどう》の歌」から「さあ、出発《しゅっぱつ》しよう！　悪戦苦闘《あくせんくとう》をつき抜《ぬ》けて！／決められた決勝点は取り消すことができないのだ。」という一節《いっせつ》を池田先生に教えていただき、自分自身を励《はげ》ましてきました。

＊

名誉会長　ありがとう。この言葉も、中等部、高等部のみんなに贈《おく》りたい大切な宝《たから》です。何人もの青年に、この言葉を書き贈《おく》ってもきました。

生きることは、悪戦苦闘《あくせんくとう》の連続です。でも、みんなが勝つことは決まっている。みんなが幸せになるのは決まっている。

「決められた決勝点」は、だれにも取り消せない。

悪戦苦闘《あくせんくとう》が続く時、そこを突破《とっぱ》するには、ど真ん中を勇敢《ゆうかん》に突《つ》き進むことです。それが、最も近道であり、直道《じきどう》なんです。

もがくこともある。悩《なや》むことだっていっぱいある。しかし、それは、勝利の大道《だいどう》を、まっしぐらに前進している証拠《しょうこ》です。

時には、くたびれて立ち止まることもあるでしょう。大きく深呼吸《しんこきゅう》して、また歩き出せばいいんです。私たちは、いつでも一緒《いっしょ》です。どこまでも共《とも》に行く旅路《たびじ》です。

どうせ悪戦苦闘《あくせんくとう》するなら、楽しく朗《ほが》らかに進もう――私は、そうしてきました。一歩も引きませんでした。いじめられても、いわれなき非難中傷《ひなんちゅうしょう》を受けても。師子王《ししおう》である戸田先生の弟子ですから。

ホイットマンにも、良き仲間がいました。彼の健康にも尽《つ》くした近代医学の父オスラー博士は、こう語っています。

「勇気と快活《かいかつ》さがあれば、人生の荒波《あらなみ》を乗り越《こ》えるのが容易《ようい》になるばかりでなく、諸《しょ》君《くん》は心の弱った者に慰《なぐさ》めと助けを与《あた》えることができる」

「勇気」に燃《も》えて、そして「快活《かいかつ》」に荒波《あらなみ》を乗り越《こ》えた分《ぶん》だけ、多くの人を励《はげ》ませるのです。

いよいよ、みんなの時代だ。みんなにも、それぞれの「決勝点」がある。今は分からなくても、意味が見出《みいだ》せなくても、一生懸命《いっしょうけんめい》、粘《ねば》り強く進み続けていけば、必ず見えてくるものだ。

君の、あなただけの「決勝点」が絶対にあります。

さあ、出発しよう！　私がついています。毎日毎日、祈《いの》っています。「勝利の大道《だいどう》」を決勝点に向かって、明るく胸を張って、歌を歌いながら前進しよう！

この「未来対話」を通して！

——よろしくお願いします。

聞き手の私たち自身が、まず中等部、高等部の皆《みな》さんと共々《ともども》に、成長してまいります。

※ホイットマンの詩は、『詩集　草の葉』富田砕花訳（第三文明社。扉も同）。オスラー博士の言葉は、『平静の心　オスラー博士講演集』日野原重明・仁木久恵訳（医学書院）。

2

みんな素晴《すば》らしい

日本の作家
吉川英治

あれになろう、
これに成《な》ろうと焦《あせ》るより、
富士のように、黙《だま》って、
自分を動かないものに作りあげろ

「性格」は全部 生《い》かしていける

――「未来対話」に、全国の中等部、高等部の皆《みな》さんから、たくさんのお便《たよ》りが寄《よ》せられています。

名誉会長　うれしいね！　本当にありがとう！

この「未来対話」は、新聞を読んでくれる皆《みな》さんとの共同作業です。みんなが、私の一番大事な「対話」のパートナーです。しかも、テーマが「未来」だから、主役は、あくまでも若い皆《みな》さんです。さあ、今回も始めよう！　何でも語り合おうよ！

――ありがとうございます。メンバーからは、「性格」についての悩《なや》みが記《しる》された便《たよ》りが多くありました。「暗い性格で、なかなか友達ができない」「自分のことを好きになれません」「どうすれば性格を変えられますか」等々《とうとう》です。

名誉会長　悩《なや》むということは、成長している証拠《しょうこ》です。前に進むから、壁《かべ》にもぶつかる。率直《そっちょく》な思いをつづってくれてありがとう。

青春時代は、自分が欠点だらけの人間のように思えることもある。私も、青年時代、ずいぶん自分の性格のことで、悩《なや》みもし、反省もしました。多感な皆《みな》さんの年代なら、なおさらでしょう。

でも無理して「違《ちが》う自分を見せよう」と背伸《せの》びをすれば、苦しいだけです。

間違《まちが》ってはいけないのは、性格とは「特徴《とくちょう》の違い」ではあっても、「人間の価値《かち》の違い」ではないということです。これだけは覚《おぼ》えておいてください。

そもそも「良い性格」「悪い性格」なんて、あるのだろうか。

気が弱いのは、どっちだろう。気の強い人間ばかりだと、あっちもこっちもケンカだらけだ。（笑い）

口《くち》べたは、どうでしょう。みんなが〝おしゃべり〟ばっかりだと、収拾《しゅうしゅう》がつかない（笑い）。にぎやかに話す人、じっくり話を聞いてくれる人、口数《くちかず》は少ないけど値千金《あたいせんきん》の発言をする人……いろんな人がいるから、いいんじゃないかな。それに、誰《だれ》だって人前で話すのは苦手《にがて》です。初対面の人には緊張《きんちょう》だってします。それを勇気で乗り越《こ》える人が偉《えら》いんだ。手紙をくれた君が、自分で「暗い」と思っている性格も、見方を変えれば、「思慮深《しりょぶか》い」「落ち着きがある」「冷静《れいせい》で沈着《ちんちゃく》」です。そういう君を信頼《しんらい》してくれ、君もまた信頼できる良き友達が、必ずできます。

誠実《せいじつ》であれば、短所も、全部、長所にできます。また大きな目的に向かって前進していく中で、どんな性格も自分らしく生かしていけるのです。

＊

――「周囲《しゅうい》の友達に合わせて、自分の性格が変わってしまう」とか、「クラスの中で、どういう〝キャラ（性格・役割）〟でいればいいか、分からず、一人、浮《う》いている」という悩《なや》みもありました。

名誉会長　ありのままでいいんだよ。仏法《ぶっぽう》では、人間の個性を「桜梅桃李《おうばいとうり》」と花に譬《たと》えて、桜は桜、梅は梅、桃《もも》は桃、李《すもも》は李のまま、たとえ、どんな個性であったとしても、みんな違《ちが》って、みんな素晴《すば》らしいと説《と》いているんだ。

「周囲《しゅうい》の友達に合わせて」ということは、周りに人一倍の気を配《くば》れる「こまやかな心」の持ち主《ぬし》だからでしょう。その思いやりを強く賢《かしこ》く伸《の》ばしていけばいい。

また、「一人、浮《う》いている」ということは、「わが道をゆく」ことでもある。今は「KY（空気を読めない）」と言うんだっけ？　だけど、空気ばかり読んでいては、誰《だれ》だって疲《つか》れちゃうよ。

場の雰囲気《ふんいき》や状況《じょうきょう》に合わせて、コミュニケーションを取る力《ちから》は、うんと人生の経験を重《かさ》ねながら、楽しく学んでいけばいいんです。「人は人。自分は自分」という、きっぱりした誇《ほこ》りを持つことだ。

現代社会は、携帯《けいたい》電話やインターネットで、昔とは比《くら》べものにならないほど、多くの人とつながりを持てるようになった。中高生の皆《みな》さんも、日常的《にちじょうてき》に多くの情報や、いろいろな人の考えに触《ふ》れる機会があるでしょう。

でも、自分の性格は、周囲《しゅうい》に決めてもらうものじゃない。

答えは、君の、あなたの中にある。悩《なや》みながら、もまれながら、君だけが持つ素晴《すば》らしさを、自分の心の大地から遠慮《えんりょ》なく掘《ほ》り出してほしい。良いところをどんどん伸《の》ばせば、悪いと思うようなところも必ず生かされていくものだ。

だから、今回は、みんなに、私が少年時代から大好きな小説『宮本武蔵《むさし》』の言葉を贈《おく》りたい。

「あれになろう、これに成《な》ろうと焦心《あせ》るより、富士のように、黙《だま》って、自分を動かないものに作りあげろ」

＊

――『宮本武蔵《むさし》』は、吉川英治の名作です。この言葉は、遙《はる》かな富士を仰《あお》いで、主人公の武蔵が若き後継者《こうけいしゃ》に言ったものですね。

名誉会長　そうです。私がこの本と出合ったのは、小学五・六年生の時の担任だった檜《ひ》山浩平《やまこうへい》先生のおかげです。先生は、身ぶり手ぶりを交《まじ》えて、朗読《ろうどく》してくださった。あの楽しかった思い出は、今も生き生きとよみがえります。

吉川氏は、剣《けん》の道で、自分自身の完成を目指《めざ》す武蔵《むさし》を描《えが》きました。困難《こんなん》な道を、悩《なや》みながらも、ひたむきに歩《あゆ》み続ける姿《すがた》が、多くの人々の胸を打ったのです。

私の人生の師《し》である戸田城聖《じょうせい》先生も、『宮本武蔵《むさし》』がお好きでした。先生は、師匠《ししょう》の牧口常三郎《つねさぶろう》先生と共《とも》に、戦前の軍国《ぐんこく》主義の時代に、正義の信念《しんねん》を貫《つらぬ》きました。国家権力《けんりょく》の迫害《はくがい》にも屈《くっ》せず、敢然《かんぜん》と戦い抜《ぬ》きました。その結果、不当に牢獄《ろうごく》に囚《とら》われました。

実《じつ》は、戸田先生が、獄中《ごくちゅう》から差《さ》し入《い》れを要請《ようせい》した中に、この『宮本武蔵《むさし》』があったのです。まさに先生は、地獄《じごく》のような環境《かんきょう》であっても、信念《しんねん》を曲げず、富士のような毅然《きぜん》とした心を持ち続けました。

夏は灼熱《しゃくねつ》、冬は極寒《ごっかん》の牢獄《ろうごく》で題目を唱《とな》え抜《ぬ》きました。そして獄中《ごくちゅう》で亡《な》くなった牧口先生の遺志《いし》を継《つ》いで、「民衆《みんしゅう》の幸福」と「世界の平和」のために闘争《とうそう》を開始されたのです。

戸田先生の偉大《いだい》さを一言《ひとこと》で表現するなら、「大確信《だいかくしん》の人」と言えるでしょう。どんな苦しい状況《じょうきょう》でも、いつも堂々《どうどう》としておられました。だから、皆《みな》に安心と勇気を贈《おく》ることができた。偉大な指導者でした。何があっても揺《ゆ》るがない人間の王者でした。

どんなに悪口を言われようと、どんなに苦しいことがあろうと、揺《ゆ》るがない富士のように「不動の自分」を築《きず》き上げることです。これが、人生を勝利しゆく根本《こんぽん》です。その究極《きゅうきょく》の信念《しんねん》が、信心なんです。

——これまでも、池田先生に、「富士の如《ごと》く」と激励《げきれい》していただき、多くの友が「自分らしく、堂々《どうどう》と生きよう！」と勇気を奮《ふる》い起こして挑戦《ちょうせん》してきました。

名誉会長　みんなの成長が、私の一番の喜《よろこ》びです。

若い時は、どうしても、「あの人はいいな」「この人がうらやましい」と思ってしまう。比《くら》べることは決して悪いことじゃない。理想の人物を見て、「あんな人になりたいな」と思うこともあるだろう。それで「よし、自分も頑張《がんば》るぞ！」と発奮《はっぷん》すれば、素晴《すば》らしい。

ただ、焦《あせ》ってはいけない。焦る必要《ひつよう》もない。じっくり自分を鍛《きた》えて作りあげることです。簡単に作りあげたものは、簡単にダメになってしまう。「建設は死闘《しとう》」なんです。

戸田先生は、青年に言われた。「自分の性格を卑下《ひげ》（＝人と比《くら》べて自分はダメだと思うこと）する必要はない。また、無理に直そうとする必要もない。信心を貫《つらぬ》いていけば、それはやがて美点に変わっていく。自信をもって、自分らしく生き抜《ぬ》いていきなさい」と。

＊

——未来部員と接していて、「自分に自信が持てない」というメンバーが、以前に比《くら》べて多くなったと感じています。

名誉会長　性格の悩《なや》みも、結局そこに行き着くんだね。大丈夫、初めから自信がある人はいない。

私も小さいころから病弱で、人生を生き抜《ぬ》けるのか、自信がありませんでした。その私が今（二〇二二年）、こうして八十四歳になっても元気です。いよいよ、これからです。

自信は、積《つ》み上げていくものだ。どんな小さな体験でもいい。

朝寝坊《あさねぼう》の人が、これまでより五分でも早起きできるようになったら、すごいことだ。「人間革命《かくめい》」です。自信を持とうよ。

元気にあいさつできるようになった。勉強を、いつもより一ページ多く頑張《がんば》れた。部活で、あきらめずに練習できた。何でもいい。

誰《だれ》が褒《ほ》めてくれなくても、自分で自分を「よくやった！」「頑張《がんば》ってよかったね！」と褒めていいんだよ。

ただでさえ、世《よ》の中には、他人の悪口を平気で言う人間がいる。正しいことをすれば、ねたまれる。さかさまな世の中だ。だから、自分で自分の味方になって、大いに励《はげ》ましていくんです。

もちろん、甘《あま》えがあったり、力《ちから》を出し惜《お》しみしては、自信はできないよ。「悔《く》いなくやり切った」という努力が自信を作るんです。一つずつ、ベストを尽《つ》くして、自信を積《つ》み上げていくんだ。そうすれば続けられる。どんなことも、やり遂《と》げられる。それは、大きな自信になる。その自分を信じて、信じて、信じ抜《ぬ》いて、また努力し、挑戦《ちょうせん》していくんです。

世間は、いつも、ざわざわとして落ち着かない。ちょっと風が吹《ふ》けば、水面《すいめん》が波立《なみだ》つようにね。その中で、要領《ようりょう》のいい、ずる賢《がしこ》い人間が、もてはやされる場合もある。しかし、そんな軽薄《けいはく》な次元は、どうでもいいことだ。

『宮本武蔵《むさし》』の結《むす》びにも、騒々《そうぞう》しい時流《じりゅう》の波なんかに惑《まど》わされるな、堂々《どうどう》と生きよと書かれていました。

人が何と言おうが、大海《たいかい》のように深い志《こころざし》を持って、偉大《いだい》な人生を生き抜《ぬ》いていけばいいんです。その人が真《しん》の勝利者です。また、そうすれば、必ず偉大《いだい》な友情が広がります。

――世界の冷戦終結《れいせんしゅうけつ》の立役者《たてやくしゃ》であった、ソビエト連邦《れんぽう》（現在のロシアなど）のゴルバチョフ元大統領《もとだいとうりょう》も、池田先生が撮影《さつえい》された富士山の写真を宝《たから》として、自《みずか》らの大事なお客様を迎《むか》

える部屋に飾《かざ》られています。元大統領は、「池田先生の平和・文化へのリーダーシップに、私もついていきたい」と言われていました。

名誉会長　「富士の如《ごと》く」とは、ゴルバチョフ元大統領《もとだいとうりょう》をはじめ、多くの世界の友人たちとの一つの合言葉《あいことば》でもあります。

ともあれ、未来部の皆《みな》さんには、信心という、人間として最高無上《むじょう》の信念《しんねん》がある。みんなは、私の直系《ちょっけい》の後継者《こうけいしゃ》です。その誇《ほこ》りと自信を持って、胸を張《は》って、前進していってください。今日《きょう》も、富士のように！

青春を
　富士の如《ごと》くに
　　勝ちまくれ

※『宮本武蔵』の引用は、『吉川英治全集』（吉川英明責任編集、講談社。扉も同）。

3

友情は宝《たから》なり

古代ローマの哲学者

キケロ

友情は順境《じゅんきょう》をいっそう輝《かがや》かせ、
逆境《ぎゃっきょう》を分《わ》かち担《にな》い合うことで
軽減《けいげん》してくれる

「良き友」がいれば負けない！

――今、若き後継《こうけい》の友は、各地で「未来対話」を学び合い、皆《みな》で成長を誓《ちか》い合っています。「池田先生のお話を、直接《ちょくせつ》、聞いているような気持ちになりました」と、感想を寄《よ》せてくれたメンバーもいます。「師匠《ししょう》」と「弟子」の心は一つと、深く感動します。

名誉会長 未来部のみんなは、私の生命だもの。私も、みんなの声を聞いて、みんなの心を感じているよ。さまざまな悩《なや》みに、真《ま》っ正面《しょうめん》から向き合っていることも、よく分かります。

――友情に関する質問や悩《なや》みが多いのには、本当に驚《おどろ》きました。「同級生と接《せっ》するのが苦手《にがて》で、自分から声をかけられません」「ケンカをして仲直りしたいけど、なかなか勇気が出ません」等々《とうとう》です。

名誉会長　何とかしたいと悩《なや》むのは、一歩前進している証拠《しょうこ》です。一生懸命《いっしょうけんめい》だから、悩むんです。

昔から文学《ぶんがく》作品にも、「友情」をテーマにした傑作《けっさく》が多い。太宰治《だざいおさむ》の『走れメロス』や、ロマン・ロランの『ジャン・クリストフ』などが、時代が変わっても読み継《つ》がれているように、誰《だれ》もが真剣《しんけん》に見つめてきた命題《めいだい》なんです。

だから、みんなの友情の悩《なや》みも、自分だけで窮屈《きゅうくつ》に抱《かか》えずに、偉大《いだい》な文学や先人《せんじん》たちの「智慧《ちえ》のかがみ」に照《て》らしながら、大きな心で悠々《ゆうゆう》と見つめていったらどうだろうか。

＊

――「友達は増《ふ》えても、親友がいません」という悩《なや》みも寄《よ》せられていました。

名誉会長　焦《あせ》ることはありません。若い皆《みな》さんの友情の物語は、いよいよ始まったばかりです。

皆《みな》さんの年代になれば、自分の個性も考え方《かた》も、はっきりしてくる。今まで仲良しだったのに、だんだん合わない感じがする友達もいるでしょう。時には「孤独《こどく》」を感じることもあるかもしれない。

それは、みんなが成長しているからなんです。

皆《みな》さんは、体も、心も、頭も、日々、発達している。友情だって成長し、発達していくんです。それは、自立した人間として、大人への階段を上っていくステップと言ってよいでしょう。

その途上《とじょう》の孤独《こどく》や葛藤《かっとう》に耐《た》えてこそ、「自分が本当に必要としている人は誰《だれ》か」を知ることもできます。

私は、戸田先生と出会う直前の十九歳の時、親友と真摯《しんし》に人生を語り、哲学を語り合いました。友はキリスト教の信仰《しんこう》を選びました。私自身は詳《くわ》しい教義《きょうぎ》を理解できないながらも友の決断《けつだん》を尊重《そんちょう》し、それぞれの道を歩《あゆ》み始めたのです。

「森ケ崎《もりがさき》海岸」の詩に――

友の求《もと》むる　遠き世《よ》に
たがうも吾《わ》れは　己《おの》が道

と詠《よ》んだ通りです。

その友は、今も私の胸の中にいますし、仏法者として題目を送り続けています。

「真実の正しい人生とは」——戦後、それまでの価値観《かちかん》が崩壊《ほうかい》する中で、私は悩《なや》み抜《ぬ》きました。

師匠《ししょう》と仰《あお》ぐ戸田城聖《じょうせい》先生とお会いできたのは、まさにその時です。私が求《もと》めていたのは、この方《かた》だと思いました。

そして数々の薫陶《くんとう》を受け、戸田先生の弟子として、世界中に友人をつくり、広げてきました。皆《みな》さんのお父さん、お母さん方《がた》とも、広宣流布《こうせんるふ》という志《こころざし》のもとに、固い友情で結《むす》ばれています。

＊

——「嫌《いや》な人を避《さ》けてしまったり、仲の良い友達にも、ちょっとしたことで怒《おこ》ったり冷たくしたりしてしまう」「苦手《にがて》な友達とつき合うには、どうしたらいいでしょうか」という声もありました。

名誉会長　人間だから、〝好き嫌《きら》い〟があるのは、当たり前です。仲が良いからこそ、ケンカしたり、激《はげ》しくぶつかったりすることもあるでしょう。また、「ちょっと苦手《にがて》だから」と距離《きょり》をとっていても、何かのきっかけで、心が通《かよ》い合う場合だってあります。

だから、ありのままでいいから、快活《かいかつ》につき合ってみることだ。試行錯誤《しこうさくご》を繰《く》り返《かえ》しながら、みんなと仲良く聡明《そうめい》に協調《きょうちょう》できる人格を、自分らしく、だんだんと鍛《きた》えていけばいいんです。

ある夕《ゆう》べ、私はイギリスと中国の敬愛《けいあい》する知性と、心ゆくまで語り合いました。その時、三人で確認《かくにん》し合った『論語《ろんご》』の一節《いっせつ》があります。

「文《ぶん》を以《もっ》て友《とも》を会《かい》し
友を以て仁《じん》を輔《たす》く」

少し難《むずか》しいかもしれませんが、「学問によって友人を集め、その友人によって自分の人格の成長を助けていく」という意義《いぎ》です。

「友情」には、好き嫌《きら》いの感情に振《ふ》り回されるのではなく、お互《たが》いを高めていくための二つの翼《つばさ》があります。

一つが「向学《こうがく》」であり、一つが「錬磨《れんま》」です。

「学ぼう」「向上しよう」という人の周りに「良き友」は集《つど》うのです。その「良き友」の中で人間は「磨《みが》かれる」のです。高みを目指《めざ》す真実の友情は、その努力の実《みの》りを、何倍にもしてくれます。

特に、学生時代の友情には、共《とも》に学び合い、切磋琢磨《せっさたくま》する素晴《すば》らしい触発《しょくはつ》の力《ちから》がある。気が合う、気が合わないという次元を超《こ》えて、一緒《いっしょ》に努力し、向上していく中で、自分の力《ちから》が引き出される。相手の良さを引き出すこともできる。互《たが》いに「さすがだな」と尊敬《そんけい》し合うこともできる。

皆《みな》さんには、ぜひ、この友情の深さをつかんでいただきたい。

＊

――携帯《けいたい》電話を持つメンバーが教えてくれましたが、「メールの返信が遅《おく》れると関係が悪くなる」と言ってくる友達がいるそうです。

名誉会長　便利な半面、慌《あわ》ただしいこともあるんだね。（笑い）

確《たし》かに、反応は速い方《ほう》が気持ちいい。私も、伝言や礼状などスピードを大切にしてきた一人です。

でも、中高生の皆《みな》さんが、もしメールのやりとりなどで神経《しんけい》をすり減《へ》らして、勉強や睡《すい》眠《みん》の生活のリズムを乱《みだ》してしまったら、本末転倒《ほんまつてんとう》だろうね。これは、お父さんやお母さんに心配をかけないように、賢《かしこ》くお願いします。

本当に信頼《しんらい》できる友達なら、メールの返信が遅《おく》れたことだって、きっと分かってくれるはずだよ。

私の世界の友人にも、お互《たが》いに多忙《たぼう》のゆえに、数回しかお会いしたことのない方《かた》が少なくありません。中には、手紙のやりとりだけで、一度もお会いできていない友人だっている。中国の「人民の父」と敬愛《けいあい》される周恩来《しゅうおんらい》（チョウ・エンライ）総理《そうり》とは、たった一度しかお会いしていません。それでも、私たちの友誼《ゆうぎ》は、永遠《えいえん》だと確信《かくしん》しています。

なぜか——それは、私が周総理《しゅうそうり》を信じているからです。周総理の心をわが心としているからです。

たとえ、総理《そうり》がおられなくても、私の心が変わらなければ、友情は不滅《ふめつ》なのです。

＊

――池田先生は、不滅《ふめつ》の「友情の物語」として『永遠《えいえん》の都《みやこ》』（ホール・ケイン著）について、これまで何度も語ってくださいました。

名誉会長　そうだ、『永遠《えいえん》の都《みやこ》』だね。戸田先生が「この本を君にあげよう」と手渡《てわた》してくださった。信頼《しんらい》する同志と回し読みしたことも懐《なつ》かしい思い出です。

『永遠《えいえん》の都《みやこ》』には、青年革命家《かくめいか》ロッシィと、無二《むに》の盟友《めいゆう》ブルーノの同志愛が描《えが》かれています。

西暦一九〇〇年のローマを舞台《ぶたい》に、「人間共和《きょうわ》」の世界を築《きず》くために立ち上がったロッシィ。その彼が、独裁者《どくさいしゃ》によって弾圧《だんあつ》を受けます。ロッシィの盟友《めいゆう》ブルーノもまた捕《と》らえられ、拷問《ごうもん》を受ける。

ブルーノは「ロッシィがお前を裏切《うらぎ》っている」との嘘《うそ》の手紙を見せられます。しかしブルーノは、最後の最後までロッシィを裏切らなかった。そして、「ロッシィ万歳《ばんざい》！」と叫《さけ》びきって、死んでいく。その叫びは「自分に打ち勝った勝利の声」と讃《たた》えられています。

友を信じ抜《ぬ》いた人の胸中《きょうちゅう》には、勝利の栄冠《えいかん》が輝《かがや》くのです。二人の友情の素晴《すば》らしさは、互《たが》いに信じ合い、共《とも》に正義の理想に生き抜いていく「強さ」にある。

この究極《きゅうきょく》の「人間の強さ」は、苦難《くなん》によって磨《みが》かれます。

盟友《めいゆう》ブルーノの前で、ロッシィは語ります。

「苦しみを甘《あま》んじて受け、耐《た》え忍《しの》んで強くなってきた人間こそ、
この世《よ》でいちばん強い人間なのだ」

自分が強くなれば、何があっても崩《くず》れない金《きん》の友情が築けます。

友情は、いつも「自分から始まる」のです。誇《ほこ》り高い友情を築《きず》くには、自分自身が誇り高い信念《しんねん》を持つことです。誇り高い青春を生き抜《ぬ》いていくことです。たとえ相手に裏切《うらぎ》られようと、自分は絶対に裏切らない。この信義《しんぎ》を勇敢《ゆうかん》に誠実《せいじつ》に貫《つらぬ》き通した人生は、永遠《えいえん》に光る勝利の劇《げき》です。

「友情の真髄《しんずい》は、わが創価の同志愛にあり」と、私は十九歳から六十五年間の命《いのち》を賭《と》した大闘争《だいとうそう》を通して、断言《だんげん》することができます。

——私たちも、この尊《とうと》い「友情の道」に必ず続いてまいります。

名誉会長　日蓮大聖人《にちれんだいしょうにん》は、「立正安国論《りっしょうあんこくろん》」で「蘭室《らんしつ》の友」（御書三一ジペー）と仰《おお》せです。香《かお》り高い蘭《らん》の花のある部屋にいると、わが身《み》まで香《かぐわ》しくなる。それと同じように、自然のうちに良き感化《かんか》をもたらしてくれる善友《ぜんゆう》が「蘭室《らんしつ》の友」です。こうした友情を広げていくことこそ、平和と正義の社会を築《きず》いていく力《ちから》なのです。

ともあれ、私が信じるのは友情です。今回は、古代《こだい》ローマの哲学者《てつがくしゃ》キケロの言葉を贈《おく》りたい。

「友情は順境《じゅんきょう》をいっそう輝《かがや》かせ、逆境《ぎゃっきょう》を分《わ》かち担《にな》い合うことで軽減《けいげん》してくれる」

*

——キケロは、戦争や権力《けんりょく》の横暴《おうぼう》に苦しむ人々を救《すく》うため、悪と戦った「正義の人」です。それゆえ悪人たちから、ねたまれました。

名誉会長　そうです。その中で彼を勇気づけていたのは、真《しん》の友人でした。良き友がいたから、前進し続けることができたんです。

一人で笑《わら》うよりも、友と一緒《いっしょ》に笑う方が、楽しい。頑張《がんば》ったことを喜《よろこ》んでくれる友がいれば、その喜びは倍になる。

悩《なや》みを聞いてくれる友がいれば、どれだけ安心できるか。つらいことがあった時に、「大丈夫《だいじょうぶ》だよ」と声をかけてくれる友がいるだけで、心が温かくなる。豊《ゆた》かになる。苦悩《くのう》と戦える。

友は宝《たから》だ。輝《かがや》く希望の太陽であり、苦難《くなん》の冬空にきらめく星です。気持ちが安らぐ爽《さわ》やかな風であり、心が潤《うるお》う泉《いずみ》です。共《とも》に夢に向かって航海《こうかい》する勇気の大船《たいせん》であり、共に世界に雄飛《ゆうひ》する英知のジェットエンジンなのです。

※『永遠の都』の引用は、新庄哲夫訳（潮文庫）。キケロの言葉は、『友情について』中務哲郎訳（岩波文庫。扉も同）。

4

夢は未来を開《ひら》く〝宝《たから》の鍵《かぎ》〟

女性初の宇宙飛行士

ワレンチナ・テレシコワ

未来のために闘《たたか》い、
勇敢《ゆうかん》に困難《こんなん》に打《う》ちかたなければならないのです。
それではじめて目的は達《たっ》せられ、
もっとも大胆《だいたん》な夢でも、
かならず、かなえられるのです

望《のぞ》みは大きすぎるくらいでいい

――未来部は、「鍛《きた》えの夏」「飛躍《ひやく》の夏」を迎《むか》えました。「創価ファミリー月間《げっかん》」であり、家族の皆《みな》さんの応援《おうえん》もいただいて、みんな、元気に頑《がん》張《ば》っています。

名誉会長　夏は、若い生命がグングンと伸《の》びゆく季節です。みんなの成長が本当に楽しみです。健康・無事故で、張り切って充実《じゅうじつ》の夏を過《す》ごせるよう、私も真剣《しんけん》に題目を送っています。

夏になると、鮮《あざ》やかによみがえる光景があります。

恩師《おんし》・戸田城聖《じょうせい》先生に、故郷《こきょう》の北海道・厚田《あつた》へ連れていっていただき、一緒《いっしょ》に眺《なが》めた大《おお》海原《うなばら》です。

当時（一九五四年八月）、私は二十六歳。厚田の海は、夕日に赤く染《そ》まり、雄大《ゆうだい》でした。

先生は力強《ちからづよ》く言《い》われました。

「この海の向こうには、大陸が広がっている。世界は広い。そこには苦悩《くのう》にあえぐ民衆《みんしゅう》がいる。君は、世界の広宣流布《こうせんるふ》の道を開《ひら》くんだ。この私に代《か》わって」

地球上から「悲惨《ひさん》」の二字をなくし、人々が「生きる喜《よろこ》び」を味わいながら、幸福と平和を勝ち開《ひら》いていく――この「世界広宣流布」という師匠《ししょう》の夢を、私の夢として受け継《つ》いだ語らいです。

そのころは、まだまだ小さな創価学会で、世界広布《こうふ》は「夢物語」でした。誰《だれ》も想像《そうぞう》できなかったでしょう。しかし、私は心に深く誓《ちか》ったのです。必ず実現してみせる、と。その誓いが私の人生となりました。

＊

――かつて関西創価学園生との語らいの折《おり》、「池田先生の夢は何ですか」という質問に、先生は「私の夢は、戸田先生の夢を実現することです」と答えてくださいました。あの時の感動は忘《わす》れません。

名誉会長　戸田先生は、偉大《いだい》な夢に生き抜《ぬ》かれました。先生の夢には、希望が輝《かがや》いていました。青年と壮大《そうだい》な夢を分《わ》かち合いながら、進むべき正しい道を厳然《げんぜん》と示《しめ》してくださったのです。

「新聞をつくろう。日本中の人に読ませよう」

「大学をつくろう。世界一の大学にしよう」

そう夢を語られたのは、先生の事業が一番苦しかった時です。

この戸田先生の夢を、私は全《すべ》て実現してきました。ありがたいことに、師匠の大きな夢に向かってまい進する中で、私自身が皆《みな》さんの年代のころに描《えが》いていた夢も、叶《かな》えることができました。

「日本中に桜の木を植えたい」「人々の心に残る小説を書きたい」等々《とうとう》です。

そして今、私には、新しい夢があります。それは、「未来部のみんなの夢が実現すること」です。

君たちの描《えが》く夢に、私の夢は受け継《つ》がれていきます。あなたたちの夢への一歩が、私の夢の一歩です。一緒《いっしょ》に夢見て、一緒に実現したい。そのために、祈《いの》り、見守り、応援《おうえん》したい。それが私の心です。

——今の時代は、あらゆる分野に行き詰《づ》まり感《かん》があり、夢を持ちにくい時代だと言われています。

名誉会長　夢を持つことは、みんなの特権《とっけん》です。大人が決めるのでも、時代によって決められるものでもありません。こんな時だからこそ、若い皆《みな》さんには明るい夢を広げて、世界を変えていってほしい。

何でもいい。今は、あいまいでもいい。小さくても構《かま》わない。叶《かな》うか叶わないか、分からないままでいい。まず心に思い描《えが》いてみることだ。そして決めたら、勇気を持って一歩踏《ふ》み出すことだ。

踏《ふ》み出せば、歩《あゆ》むべき道が、どんどんはっきりしてくる。そこを、まっしぐらに前進していくのです。

思い悩《なや》む時もあれば、壁《かべ》にぶつかる時もある。どちらも成長の証《あかし》です。今の自分の限界《げんかい》という難所《なんしょ》を乗り越《こ》えれば、新しい景色《けしき》が広がっている。だからこそ、もう一歩の努力、あと一歩の粘《ねば》りが大事なのです。

戸田先生は、「青年は、望《のぞ》みが大きすぎるくらいで、ちょうどよいのだ」とおっしゃっていた。

みんなには「祈《いの》りとして叶《かな》わざるなし」という偉大《いだい》な妙法《みょうほう》と絶対勝利の信心があるのだから！　祈りは勝利の源泉《げんせん》です。真剣《しんけん》な祈りと、最高の努力が合致《がっち》する中にこそ、夢は叶い始めるんだ。

＊

――「厚田《あつた》の海」のお話を伺《うかが》いました。海といえば、五十年前、ヨットで単独《たんどく》での太平洋横断《おうだん》という大きな夢に挑戦《ちょうせん》して成功した青年がいます。

名誉会長　堀江謙一《ほりえけんいち》さんだね。よく存《ぞん》じ上げています。その後も数々の冒険航海《ぼうけんこうかい》を成功させました。私も敬愛《けいあい》する友人です。

二〇〇四年十月から翌年《よくとし》六月、単独《たんどく》で「無寄港《むきこう》世界一周」を成《な》し遂《と》げた時も、航海中《こうかいちゅう》、最大の難所《なんしょ》である南米・南端《なんたん》のホーン岬《みさき》に挑《いど》む前などに、メッセージを送らせていただきました。

この冒険王《ぼうけんおう》は、皆《みな》さんに大きな期待《きたい》を寄《よ》せてくださっています。

「若い人は、夢を目標に変え、それに向かって、どんどん挑戦《ちょうせん》してほしい」「考えてばかりで行動しないと、何も変わりません。失敗してもいいじゃないですか。失敗こそが自分の本当の財産《ざいさん》になるんですから」と――。

どんな夢でも、挑戦《ちょうせん》を開始すれば、そこから冒険《ぼうけん》が始まります。

現代経済学の最先端《さいせんたん》をリードしてこられたアメリカのレスター・サロー博士に、私は尋《たず》ねたことがあります。

「人類《じんるい》にとって、『本当の意味での富《とみ》』とは何でしょうか」

博士は、即答《そくとう》されました。

「冒険心《ぼうけんしん》、そして探求心《たんきゅうしん》だと思います」

サロー博士ご自身も、七千メートル級のヒマラヤの山々に登り、サウジアラビアの広大な大地を自動車で走破《そうは》する冒険家です。

真《しん》の富《とみ》とは「お金《かね》」よりも「冒険心《ぼうけんしん》」「探求心《たんきゅうしん》」である――。

私も大賛成《だいさんせい》です。青年の心に「冒険心《ぼうけんしん》」「探求心《たんきゅうしん》」が燃《も》えている限《かぎ》り、人類は新たなフロンティア（未開拓《みかいたく》の分野）を切り開《ひら》いていくことができます。

――「未知《みち》なる世界」は、まだまだあります。この前、十七番目の素粒子《そりゅうし》（ヒッグス粒子）が、やっと見つかったばかりです。

名誉会長　そうだね。学問の世界でも、遠大《えんだい》な夢に向かい、日々、勇敢《ゆうかん》な冒険《ぼうけん》が続けられています。

特に人間の内《うち》なる「生命」の探求《たんきゅう》は、いよいよ、これからです。仏法という「生命尊厳《そんげん》」の大哲学を、若くして探求し始めた皆《みな》さんは、偉大《いだい》な開拓者《かいたくしゃ》なのです。

皆《みな》さん一人ひとりの生命に、どれほど素晴《すば》らしい力《ちから》が秘《ひ》められているか。想像《そうぞう》もできないほどです。それは、夢に挑戦《ちょうせん》して初めて見えてきます。こんな、わくわくする大冒険《だいぼうけん》はありません。

＊

――「理想と現実のギャップに悩《なや》み、自分の無力《むりょく》さを感じます」というメンバーもいます。

名誉会長　素晴《すば》らしいことじゃないか。それだけ大きな夢を描《えが》いているということなのだから。

夢と現実にギャップがあるのは当然です。すぐに叶《かな》えられるような夢では、つまらないよ。夢を実現するためには、〝これをやり遂《と》げてみせる！〟という、強い一念《いちねん》を定《さだ》めることです。

「みんなの生活を便利にしたい」と強く思ったからこそ、劣等生《れっとうせい》と言われたエジソンは発明王になれた。

「鳥のように空を飛びたい」という夢を抱《いだ》き続けたからこそ、ライト兄弟は失敗の連続を越《こ》えて、動力飛行機を作ることができた。

皆《みな》、苦難《くなん》の中で、大きな夢を持ち続け、夢に向かって努力を重《かさ》ねたんです。周《まわ》りから、「無理だ」と言われようが、バカにされようが、夢を手放《てばな》さなかった。

インドの非暴力《ひぼうりょく》の大英雄《だいえいゆう》マハトマ・ガンジーだって、アメリカ公民権《こうみんけん》運動の指導者キング博士だって、私の親友で人種差別政策《じんしゅさべつせいさく》と戦った南アフリカのマンデラ元大統領《もとだいとうりょう》だって、誰《だれ》も二十世紀中に実現できると思わなかった自由や平等《びょうどう》という夢を、不屈《ふくつ》の信念《しんねん》で勝ち取ったんです。
私と妻《つま》の大切な友人であるロシアのワレンチナ・テレシコワさんも、積極果敢《せっきょくかかん》に夢への努力を貫《つらぬ》いて、人類初の女性宇宙飛行士として歴史を飾《かざ》りました。世界の平和のために、今も、大《おお》いに活躍《かつやく》されています。
このテレシコワさんの言葉を、皆《みな》さんに贈《おく》りたい。

「未来のために闘《たたか》い、勇敢《ゆうかん》に困難《こんなん》に打《う》ちかたなければならないのです。それではじめて目的は達《たっ》せられ、もっとも大胆《だいたん》な夢でも、かならず、かなえられるのです」

――「将来、安定した職業に就《つ》くことが夢です」という人が多いという調査もありました。なりたい職業として、医師や看護師《かんごし》、弁護士《べんごし》、公務員、サラリーマン、家業を継《つ》ぐなどが挙《あ》げられています。スポーツ選手や歌手、最近はお笑《わら》い芸人も人気です。

名誉会長　みんな、いいね。全《すべ》て、大切な夢です。あこがれの職業に就《つ》いて、その道でトップを目指《めざ》す。それは素晴《すば》らしいことです。

その上で、もう一歩深《ふか》めて考えてほしいんだ。「何のために」自分の夢を目指《めざ》すのだろうか、と。

自分のためばかりではなく、人のためにもなる夢。共《とも》に、みんなと喜び合《あ》える夢。人類の幸福と平和を創《つく》り上げていく夢――これが広宣流布《こうせんるふ》です。

みんなのお父さんやお母さん、祖父《そふ》や祖母《そぼ》の方々《かたがた》は、私と一緒《いっしょ》に、広宣流布《こうせんるふ》という最極《さいごく》の夢のために、自分らしく、それぞれの使命《しめい》の地域で頑張《がんば》ってくださっている。〝自分さえ良ければ〟という時代にあって、人のため、社会のために悩《なや》み、汗《あせ》を流し、労苦《ろうく》を惜《お》しまない――こんな尊《とうと》い人生はありません。

時には、忙《いそが》しすぎて割《わり》に合わないように見えたり、地道《じみち》すぎてさえないように見えたりすることもあるかもしれない。

しかし、仏《ほとけ》の眼《まなこ》から見れば、一番正しく、一番尊貴《そんき》な人生なんです。

――私たちは、池田先生と共《とも》に、世界の同志と共に、すでに大きな夢に生きているのですね！

名誉会長　日々の勉学の努力は着実に粘《ねば》り強く、そして心には宇宙大のロマンを光らせ、誇《ほこ》り高い青春を朗《ほが》らかに進んでください。

日蓮大聖人《にちれんだいしょうにん》は、若き弟子の南条時光《なんじょうときみつ》に「願《ねが》くは我《わ》が弟子等《ら》・大願《だいがん》をこせ」（御書一五六一ページ）と叫《さけ》ばれました。大願に生きることは、「露《つゆ》を大海《たいかい》に入《い》れ、塵《ちり》を大地に埋《うず》めるようなものである」（同、通解）と教えられています。

露《つゆ》のように儚《はかな》くとも、大海《たいかい》に入《はい》れば、自分自身が大海と一体になって、大いなる命《いのち》を得《え》る。塵《ちり》のように小さくとも、大地と一体になれば、皆《みな》から頼《たよ》られ、万物《ばんぶつ》を生み出せる力《ちから》を得《え》る。若くして妙法《みょうほう》を持《たも》った皆《みな》さん自身が人類の希望であり、夢です。その皆さんが、「世界を平和にしよう」という夢に生き抜《ぬ》けば、必ず、世界は平和へ近づくのです。

夢があれば、どこまでも成長できる。夢は、自《みずか》らの可能性《かのうせい》を最大限《さいだいげん》に発揮《はっき》し、未来を開《ひら》く〝宝《たから》の鍵《かぎ》〟なのです。

※堀江謙一さんの言葉は、「トーク21」（「聖教新聞」二〇〇五年六月十二日付）。テレシコワさんの言葉は、『はてしない宇宙へ』岡田よし子訳（プログレス出版所。扉も同）。

5

学び続ける人が勝者

ドイツの大《だい》文《ぶん》豪《ごう》

ゲーテ

学問のなかには、
なんというすばらしい世界が
ひらけていることだろう

「何のために学ぶのか」を忘《わす》れない

――いよいよ、新学期がスタートしました。受験生の皆《みな》さんも、大切な〝秋の陣《じん》〟に入ります。

名誉会長　みんなが希望の道、努力の道、勝利の道を進めるように、私はますます真剣《しんけん》に祈《いの》っていきます。全国、全世界の創価家族も、受験生の皆《みな》さんの味方です。

思えば、私が夜学《やがく》に通《かよ》い始めたのは、十七歳の九月でした。第二次世界大戦が終わった翌月《よくげつ》です。大空襲《だいくうしゅう》の焼け野原が一面に広がる中で、「ともかく今は勉強だ。何が何でも学ぶのだ」と、向学《こうがく》の心を奮《ふる》い立たせたことを覚《おぼ》えています。

今も私は、勉強を続けています。世界の識者《しきしゃ》との対談も、学び語り、語り学ぶ連続です。若い皆《みな》さんからも、新しいことをたくさん教えてもらいたいと思っています。

――思う存分《ぞんぶん》、勉強できること、それ自体が幸福なのですね。

名誉会長　そう。勉強は権利であり、喜《よろこ》びです。「学ぶ」ということは、何より楽しいものなんです。

それを若者から奪《うば》い取るのが、残酷《ざんこく》な戦争です。その苦しさや悔《くや》しさを、次の世代には絶対に味わわせてはならないと心に決め、私は平和のために戦ってきました。だから、私が青春時代から愛読してきた、ドイツの大文豪《だいぶんごう》ゲーテの言葉を、みんなに贈《おく》りたい。

「学問のなかには、なんというすばらしい世界がひらけていることだろう」

学問の探究《たんきゅう》に思い切って飛び込めば、発見がある。その喜びでゲーテは生命を躍動《やくどう》させました。詩人、小説家、劇作家《げきさっか》であり、そして、自然科学者としても、政治家としても大《だい》活躍《かつやく》したゲーテは一生涯《いっしょうがい》、学び続けた人でした。

今、このゲーテを巡《めぐ》って私は、ワイマール・ゲーテ協会顧問《こもん》のオステン博士と対談を進めています。（総合月刊誌「潮」二〇一二年四月号～二〇一三年四月号に連載）

その冒頭《ぼうとう》、オステン博士は、ゲーテの信条《しんじょう》について語られました。
それは「力《ちから》を入れて学んだことは、誰《だれ》も奪《うば》い去ることができない、永遠《えいえん》である」との確《かく》信《しん》です。
人は学ぶために、生まれてきました。「生きること」は「学ぶこと」といってよい。学んだ内容は、たとえ忘《わす》れたとしても、学ぶ心は、わが生命を永遠《えいえん》に飾《かざ》ってくれるのです。

*

——現実の学校生活の中では、「頑張《がんば》ろうとは思うのですが、なかなか勉強のやる気が出なくて困《こま》っています」という声があります。

名誉会長　みんな、そうなんだよ（笑い）。「頑張《がんば》ろう」と思っていることが偉《えら》いじゃないか。
私が対談したトインビー博士ほどの世界的な大歴史学者でも、「やる気」になるのを待っていたら、いつまでたっても研究は進まない。だから、気分が乗っても乗らなくても、毎日、決まった時間に机《つくえ》に向かって勉強を始めることを、ご自分に課《か》しておられました。

「学ぶ習慣《しゅうかん》」ができれば、やる気が自然に湧《わ》く。勉強が面白《おもしろ》くなり、努力の大切さが分かる。そこまで、あきらめないで、頑張《がんば》ってほしいんです。

＊

——「なぜ勉強するのか」「何のために学ぶのか」を自《みずか》らに問《と》いかけることが大事ですね。池田先生は、創価大学に——「英知を磨《みが》くは何のため　君よ　それを忘《わす》るるな」と指《し》針《しん》を贈《おく》ってくださっています。

名誉会長　「何のために学ぶのか」という問いを、生涯《しょうがい》、持ち続けてほしい。

「自分のため」だけに勉強していると、いつか行き詰《づ》まる。「人のため」「社会のため」「世界のため」という大きな志《こころざし》が、勉強を楽しくする。偉大《いだい》な自分をつくりあげます。

一九九五年、私は、釈尊《しゃくそん》が生誕《せいたん》した国ネパールを訪問しました。トリブバン大学での講演などを終え、ネパールSGI（創価学会インタナショナル）の総会に出席すると、深紅《しんく》の民族衣装《いしょう》に金色の髪飾《かみかざ》りをまとった、五人の可憐《かれん》な少女たちが出迎《でむか》えてくれました。

この出会いの後、少女たちは、それぞれが両親の励《はげ》ましを胸に、「人材の流れをつくるために、まず自分が人材に」「民衆《みんしゅう》に尽《つ》くす指導者に成長を」と誓《ちか》い、失敗してもあきらめずに両親と自分を信じて勉強に励みました。

十七年たった今（二〇二一年）、全員が世界の大舞台《おおぶたい》で学究《がっきゅう》の道、社会貢献《こうけん》の道を進んでいます。ネパールの父母《ちちはは》や同志の誇《ほこ》りとなり、希望となっている。そして、彼女たちに、未来部の友が続いていきます。

勉強は、すればするほど、夢が大きくなっていく。力《ちから》がついて、人の役に立つことができる。人を笑顔にすることができる。人に喜《よろこ》びを与《あた》えることができる。

それは、結局、自分の周《まわ》りに、素晴《すば》らしい世界を広げてくれるのです。

＊

――私たち未来部担当者も「中学・高校の時、もっと、しっかり勉強しておけばよかった」と反省することしきりです。

名誉会長　いや、くよくよ振《ふ》り返る必要はありません。学ぶことは、「今から」「ここから」直《ただ》ちに始めることができるからです。

ゲーテの時代とも重《かさ》なる女性の作家マルヴィーダ・フォン・マイゼンブークは、六十歳の時に、こんな言葉を残しています。

「私は学びます、学びます」

「更《さら》に学ぶことができるためというこの一点でだけ私は今一度若くなりたいと思います」

学歴《がくれき》イコール知識・学力ではない。まして人間の能力《のうりょく》ではない。学び続ける心が、人間の真《しん》の実力です。わが創価大学の通信教育部では、この春（二〇一二年）、八十五歳と八十三歳の二人の女性の方《かた》も晴《は》れ晴《ば》れと卒業を勝ち取られました。学び抜《ぬ》き、学び切る姿《すがた》は、人間として神々《こうごう》しい光を放《はな》つものです。

＊

――でも、若い時は、勉強できる環境《かんきょう》にあるのに、つい後回しにしてしまいます。

名誉会長　まあ、後回しにするのは、それなりに理由がある（笑い）。内容が難《むずか》しすぎて理解するのが大変だからとか、そろそろ机《つくえ》に向かおうと思った矢先に、お母さんやお父さんに「勉強しなさい」と言われて嫌《いや》になるとか（笑い）、部活が忙《いそが》しいとか……。

でも、自分の好きなことだったらどうだろう。それなら、すぐに始められて、いくらでもやれる、何時間でも没頭《ぼっとう》できるという人も多いのではないかな。

「どうやったら、サッカーが上達《じょうたつ》できるか」「あの人みたいに上手《じょうず》に楽器を演奏するには、どうすればいいんだろう」「秋の流行の服は」などと関心を持てば、本を読んで研究したり、試《ため》したり、誰《だれ》かに質問したりするでしょう。それは、楽しいし、面白《おもしろ》いことです。勉強だって、自分なりに工夫《くふう》すれば、楽しく面白くできるはずです。

――実際、社会のさまざまな分野で活躍《かつやく》している人は、例外なく真剣《しんけん》に勉強を重《かさ》ねていますね。

名誉会長　その通りです。一流のスポーツ選手も、体を鍛《きた》えるだけでなく、体のしくみや栄養のことを積極的《せっきょくてき》に学んでいる人が少なくない。演技の質《しつ》を磨《みが》いたり、参考にしたりするために、膨大《ぼうだい》な読書をしている俳優や芸人の方《かた》を、私もよく知っています。

皆《みな》さんのお母さんの、いつどこで買い物をすればいいか、という分析力《ぶんせきりょく》には、どんな経済学者もかなわないでしょう。生きた経済の動きを学んでいます。

全《すべ》て、立派《りっぱ》な学問です。

だから、今の学校での勉強は、将来、それぞれの道で、好きなことを好きなだけ学ぶための「土台」と考えてはどうかな。人生、後になって、思わぬことが役に立つ。まず何かを始めてみることだ。何か努力を開始することだ。

勉強ができるできないといっても、やるかやらないかだけなんだ。

勉強、勉強というと息が詰《つ》まる思いがするかもしれないが、実《じつ》は小さな自分を打ち破《やぶ》り、広々とした世界へと解放してくれる。人生を明るくしてくれる。「学《がく》は光《ひかり》」です。

何があってもへこたれず、強く朗《ほが》らかに学んだ人が、勝ちです。

＊

――「目の前の問題集に取り組むことが、将来の、何の役に立つのか分からない」という質問も寄《よ》せられています。

名誉会長　建物を建てる時、土台だけを見ても、上にどのような建物が建つのかは分からないものだ。また土台は、その上に建物が建てば、見えなくなるものです。

それでも、建物を何十年、何百年にわたって支《ささ》えていくのは、その見えない土台です。

勉強も同じでしょう。君の目の前にある課題の一つ一つが、強固《きょうこ》な土台になっていくのです。そもそも、勉強に挑《いど》むこと自体が、偉大《いだい》な人格を磨《みが》きゆく訓練の一つです。考える力《ちから》を養《やしな》い、頭脳《ずのう》を鍛《きた》え、強い心を育《はぐく》んでいく。今、みんなは、その〝土台作り〟をしているんだよ。地道《じみち》で繰《く》り返しの作業はつまらないかもしれない。でも、地道に繰り返すからこそ、その土台は強い。崩《くず》れない。だから、毎日、自分らしく、一ミリでも二ミリでも、築《きず》いていってほしい。

――「学校の成績が思うように上がらなくて苦しい」と悩《なや》んでいるメンバーもいます。

名誉会長　成績が上がれば、自分もうれしいし、お父さん、お母さんも喜《よろこ》んでくれる。良いに越《こ》したことはない。だけど、それが君の真価《しんか》を決めるものではない。人と比《くら》べる必要もない。いわんや、自信をなくす必要もない。

成績は、上手《じょうず》に自分の努力目標にしてほしい。少しずつ、だんだんと着実に向上していく。そういう、たくましい勉学の歴史を残してもらえたら、うれしいね。

たとえ、不本意《ふほんい》な結果であっても、努力を重《かさ》ねた分《ぶん》だけ、力《ちから》は必ずついてくる。成長している。長い人生を大きく左右していくのは、目先の成績よりも、「学び続けようとする姿勢《しせい》」です。どんな状況《じょうきょう》にあっても「さあ、勉強するぞ!」という勢《いきお》いのある人は、そこから人生を開《ひら》いていける。

だから、勉強に「もう間に合わない」も「手遅《ておく》れだ」も絶対にない。「自分はだめだ」と思わない限《かぎ》り、たとえ今がビリでも大丈夫《だいじょうぶ》。そこから上がっていくのは、痛快《つうかい》じゃないか。一番もったいないのは、成績が上がらないからといって、勉強をやめてしまうことだ。

「栄光」とは、「忍耐《にんたい》」です。自分が苦労し、苦しむことです。勉強も、一日では結果は出ない。大事なのは、「粘《ねば》り強さ」です。ですから、受験生の皆《みな》さんには、「受験は、知性と忍耐の修業《しゅぎょう》である」と贈《おく》りたい。

＊

――池田先生は、戸田先生のもとで「一対一」の個人教授を受けられました。

名誉会長　真剣《しんけん》勝負でした。戸田先生の事業が困難《こんなん》を極《きわ》める中での薫陶《くんとう》でした。当時、日記に次のような内容を書いています。

「朝の講義、法律学、政治学、経済学、化学、漢文と進む。先生の、身体をいとわず、弟子を育成してくださる恩《おん》――私は、どのようにご恩返しすればよいのか。今だ、力《ちから》、力、力を蓄《たくわ》える時は。あらゆる力を、将来の準備として蓄えていこう」

戸田先生は万般《ばんぱん》の学問に通《つう》じておられました。しかも、生きた学問として教えてくださいました。

「大作、今、何の本を読んでいるか」「その本の内容を言ってみよ」と、いつでも、どこでも聞かれた。どう読んだのか、何を学んだのか、先生の追及《ついきゅう》は実《じつ》に鋭《するど》い。冷《ひ》や汗《あせ》をかきながら、しどろもどろで答えたこともありました。

ある講義が修了《しゅうりょう》した時、戸田先生は、机の上の一輪《いちりん》の花を取り、私の胸に挿《さ》してくださいました。「この講義を修了した優等生《ゆうとうせい》への勲章《くんしょう》だ。金《きん》時計でも授《さず》けたいが、何もない。

すまんな……」。

それは、師匠から授《さず》かった、世界一、誇《ほこ》り高い勲章です。この恩師《おんし》の授業があったからこそ、世界の識者《しきしゃ》と文明を結《むす》ぶ対話も残すことができたのだと、感謝の思いは尽《つ》きません。

創価の師弟の勝利は、学び続けてきた勝利です。

ですから、私は、毎日、強盛《ごうじょう》に祈《いの》っています。

わが未来部の友が、さえわたる英知と正義の大指導者に育つように！ どの分野に進もうとも、大人材として自由自在《じざい》に力《ちから》を発揮《はっき》して活躍《かつやく》できるように！ そして、一人ももれなく健康で、家族も大福運《だいふくうん》に包《つつ》まれ、素晴《すば》らしい勝利の人生であるように！ と。

みんな、新学期も、元気に学び、前進しよう！

※ゲーテの言葉は、ビーダーマン編『ゲーテ対話録 2』菊池栄一訳（白水社。扉も同）。マルヴィーダ・フォン・マイゼンブークの言葉は、シュライヘア著『マルヴィーダ・フォン・マイゼンブーク』片山敏彦訳（みすず書房）。

6

朗《ほが》らかに！　粘《ねば》り強く！

ドイツの考古学者《こうこがくしゃ》
シュリーマン
才能《さいのう》とは
エネルギーと忍耐力《にんたいりょく》以外の
何ものでもない

ベストを尽《つ》くせ！　それが勝利

──「挑戦《ちょうせん》の秋」です。全世界の未来部の友から一生懸命《いっしょうけんめい》、努力する様子《ようす》が寄《よ》せられています。クラブ活動や、さまざまなコンクールなどで活躍《かつやく》するメンバーのニュースも、数多く届《とど》いています。

名誉会長　うれしいね！

お手紙も、たくさんいただいています。担当者の方《かた》からも、毎日、報告が届《とど》きます。この「未来ジャーナル」でも、「聖教新聞」でも、スポーツや音楽、美術、語学など、あらゆる分野で奮闘《ふんとう》するメンバーが紹介されているね。

努力を重《かさ》ね、栄冠《えいかん》を勝ち取ったみんなの姿《すがた》は、お父さん、お母さんや家族の誇《ほこ》りです。地域の学会家族も喜《よろこ》んでくれます。

勝利は、皆《みな》を明るく元気にし、希望と向上の力《ちから》を広げます。

でも、道は無限《むげん》です。もっと、もっと上達《じょうたつ》できる。さらに向上心を燃《も》やして力《ちから》をつけ、前へ前へ進んでいってください。

――残念ながら、頑張《がんば》ったけれど、思うような成果が出なかったり、惜《お》しくも目標に届《とど》かなかったりと、悔《く》しい思いをしている友もいますが……。

名誉会長 〝勝敗《しょうはい》は時の運《うん》〟だから一喜一憂《いっきいちゆう》する必要はありません。思いっきりベストを尽《つ》くしたら、それが勝利です。

人間は誰《だれ》だって、勝ったり負けたりして強くなる。鍛《きた》えられていくんです。だから、くよくよしてはいけない。「心」が負けなければいいんです。真《しん》の勝利者とは、勝っても負けても、にっこりと、いっそう強い根性《こんじょう》を持って、次の勝利に向かっていく人です。

＊

――メンバーから、クラブ活動では、「なかなかうまくなれない」「レギュラーになれない」という悩《なや》みを聞きます。

名誉会長　さあ、そこだね。

「入門」という言葉が、あるよね。どんな分野であれ、基礎《きそ》から始まって、奥《おく》は深い。その門に入ったからには、先生やコーチ、また先輩《せんぱい》の教えを受《う》け、基本の稽古《けいこ》や練習を重《かさ》ねて、一つ一つ学んでいく以外にありません。

それは、厳《きび》しいし、苦しい。地道《じみち》だし、時間だってかかります。だから、始めた時の気持ちを忘《わす》れないで、へこたれず、あきらめず、じっくりと力《ちから》をつけるんです。

きのうの自分より、きょうの自分が、少しでも成長していれば、勝ちです。真《しん》のライバルは「きのうの自分」だよ。

一生懸命《いっしょうけんめい》、頑張《がんば》っているのに、なかなか結果が出ない。それでも歯を食いしばって努力をする。その一番つらく、苦労している時が、実《じつ》は一番、力《ちから》がついている時なんだ。

そうやって鍛《きた》えたことは、クラブ活動にとどまらず、一生涯《いっしょうがい》の心の宝《たから》になります。

たとえレギュラーになれなくとも、努力は無駄《むだ》にならない。未来部時代、補欠《ほけつ》として陰《かげ》で頑張《がんば》り抜《ぬ》いたことが力《ちから》となって、社会の晴れ舞台《ぶたい》で大活躍《だいかつやく》している友も、私はたくさん知っています。

――なかなか上達《じょうたつ》しないと、ついつい人と比《くら》べて、「自分には才能《さいのう》がないのでは」と、弱気になってしまうことがあります。

＊

名誉会長　そんなわびしい気持ちに引きずられてはいけない。カラッと自分で自分を励《はげ》ましながら、勝つための努力を、朗《ほが》らかに、粘《ねば》り強く、貫《つらぬ》き通すんです。

本当の才能《さいのう》とは、何だろうか。ドイツの考古学者《こうこがくしゃ》シュリーマンの言葉を思い出してほしいんだ。

「才能《さいのう》とはエネルギーと忍耐力《にんたいりょく》以外の何ものでもない」

全《まった》くその通りです。だから、誰《だれ》にも才能はあるんだ。

――シュリーマンは、「トロイ遺跡《いせき》の発掘《はっくつ》」という夢を実現した人物ですね。確《たし》か、今年（二〇二一年）で生誕《せいたん》一九〇年になります。創価大学・創価女子短期大学のある東京・八王子の地を、訪《おとず》れたこともあります。

名誉会長 そうだったね。

自伝（『古代への情熱』岩波文庫）等によると、シュリーマンは八歳の時に、お父さんから一冊の本をもらった。そこに描《えが》かれた古代のトロイ戦争の絵を見て夢を広げ、その遺跡《いせき》を「いつか僕《ぼく》が見つけてみせる」と決意したのです。

ここから、長く険《けわ》しい戦いが始まりました。幼《おさな》くして最愛のお母さんを亡《な》くし、お父さんが職を失《うしな》ったので、高校へ行かずに働かなければならなかった。時間をこじあけて勉強しても、すぐ忘《わす》れてしまうほど、体は疲《つか》れ果《は》てていた。だが、生きるために、語学が必要だった。彼は独自《どくじ》の学び方《かた》で、英語、ギリシャ語など十数カ国語を習得《しゅうとく》した。

牧口先生も、五十代にして英語の勉強を続けておられた。それに比《くら》べれば、今、語学が苦手《にがて》という人も、まだまだこれからが勝負です。

＊

——シュリーマンは、語学や仕事など、「やらねばならないこと」を、我慢強《がまんづよ》くやり通したんですね。

名誉会長　人は「やらねばならないこと」をやり切《き》れば、必ず「やりたいこと」の力《ちから》に変えていける。

皆《みな》さんは今、「勉学第一」ですから、「やらねばならないこと」は勉強でしょう。クラブが忙《いそが》しくて、疲《つか》れてしまう場合もあるかもしれない。でも、将来の大きな夢を実現するために、今は積極果敢《せっきょくかかん》に、しっかり学んでおいた方《ほう》が得《とく》だ。なんとか聡明《そうめい》に工夫《くふう》して、クラブで鍛《きた》えた力《ちから》を、勉強でも大いに発揮《はっき》してもらいたいんだ。

——勉強とクラブ活動の両立に悩《なや》む未来部員から、たくさん質問が届《とど》いています。

名誉会長　確《たし》かに両立は大変だ。でも、以前、一人の女子学生から質問を受けた時、私は、こう答えました。

「『二兎《にと》（＝二匹のウサギ）を追う者《もの》は一兎《いっと》をも得《え》ず』と言われる。しかし、力《ちから》があれば、

「百兎《ひやくと》でも千兎《せんと》でも追ってごらん」

質問してくれた乙女《おとめ》の顔が、ぱっと明るくなりました。

みんなは若いんだから、それぐらい大きな心意気《こころいき》を持って、伸《の》び伸びと自分の可能性《かのうせい》を引き出してもらいたい。あれこれ迷《まよ》っている前に、まず「やってみる」ことです。「どちらも、やり切ってみせる」と一念《いちねん》を定《さだ》めて、祈り、知恵《ちえ》を湧《わ》き立たせて挑戦《ちょうせん》することです。そうすれば、試行錯誤《しこうさくご》し、悪戦苦闘《あくせんくとう》しながらも、必ず道は開《ひら》けてくる。

私と対談したアメリカの歴史学者で、人権《じんけん》の闘士《とうし》のハーディング博士は述《の》べていました。――スポーツ選手は真剣《しんけん》にトレーニングを続けることによって、自分でも想像《そうぞう》できなかったような能力《のうりょく》を開花させることができる。同じように、私たちには無限《むげん》の可能性《かのうせい》がある。それなのに、自分で自分に限界《げんかい》を作ってしまってはもったいない、と――。

みんなの可能性《かのうせい》は宇宙大です。ましてや、若くして妙法《みょうほう》を持《たも》っている皆《みな》さんです。

戸田先生も、青年に、「まず肚《はら》を決めよ！　決まったら勇《いさ》ましく進め」と、いつも言われていた。

目の前の課題に、百パーセントの自分で、思い切ってぶつかろう。

「全《すべ》てに百パーセントで挑《いど》む」――これが、青春の勝利の秘訣《ひけつ》です。

もちろん試験前は、勉強に集中する。試合などの前は、練習に力《ちから》を注《そそ》ぐ。そうしためりはり、はりを賢《かしこ》く作っていくことも大事でしょう。

――クラブ活動が忙《いそが》しく、学会の会合になかなか参加できないということもあるようです。

名誉会長　「心こそ大切」です。少しでも会合に出ようという心が尊《とうと》い。その人は、太陽の方向を向いています。必ず、明るく正しい成長の軌道《きどう》を上昇できます。

今回は参加できなくても、今の自分の目標や頑張《がんば》っていることを、地域の担当者の方々《かたがた》、また、未来部の仲間たちにも伝えてほしい。

学会は「心」で結《むす》ばれた世界です。「題目」で結ばれた世界です。同志は、みんなの成長を祈《いの》り、応援《おうえん》してくれる〝応援団〟です。みんなの頑張《がんば》りが、喜《よろこ》びとなって広がり、それが大きな力《ちから》となって、みんなのところに返ってくる。同志との絆《きずな》が、いざという時に、みんなを支《ささ》えてくれます。

時間がなくても、心はつながっていける。だから、都合《つごう》がついた時は、胸を張って会合に参加してほしい。学会の会合は、行く前はたとえ気が乗らなくても、帰りは来た時より元気になれる！

＊

――「部内の仲間と仲良くするには？」「クラブの雰囲気《ふんいき》が悪くて、嫌《いや》になる」という、人間関係の悩《なや》みも、多数、聞いています。

名誉会長　クラブもまた、一つの「社会」です。だから、目標や目的を共有して切磋琢磨《せっさたくま》できるライバルもいれば、どうしても気が合《あ》わない人もいる。競争や、時には、ヤキモチなどもあるかもしれない。

一九五四年、私は戸田先生と共《とも》に、仙台市の青葉城址《じょうし》に登りました。戸田先生は、その堅固《けんご》な石垣《いしがき》を見ながら、「学会は人材をもって城を築《きず》くのだ」と教えてくださいました。石垣《いしがき》の石は、二つとして同じものはありません。大きさも形も、バラバラです。しかし、それぞれの石の特徴《とくちょう》を生かし、的確に組み上げてこそ、何百年も崩《くず》れない堅固《けんご》な石垣ができます。

クラブという団体も同じです。一人ひとりが、特徴《とくちょう》や個性《こせい》を生かすことで、思ってもみないチーム力《りょく》が発揮《はっき》できる。

「団体」の中でこそ、「個性」は生きるのです。

その見事なるチーム力《りょく》を発揮《はっき》するには、「仲間を尊敬《そんけい》する」ことです。お互《たが》いが信頼《しんらい》し、尊敬し合えば、自《おの》ずと団結は生まれます。

偉大《いだい》な仏法を持《たも》った皆《みな》さんは、友を励《はげ》まし、友の長所を見つけていく太陽の存在になってほしい。

雰囲気《ふんいき》が暗ければ、自分が太陽になって、皆《みな》を明るく照《て》らしてほしい。

——部の中心になったメンバーからは、「皆《みな》をまとめていくには、どうすればいいか」「部長として、どうあるべきか」という質問が寄《よ》せられています。

名誉会長　偉《えら》いね。そう悩《なや》むことが、すでに立派《りっぱ》なリーダーです。

皆《みな》をグイグイと引っ張るリーダーもいれば、陰《かげ》で皆《みな》を支《ささ》える「縁の下の力持《ちから》ち」のリーダーもいる。青年らしく、自分らしくで、いいんです。全部が勉強になります。

歴史上の信念《しんねん》のリーダーや、私が対談してきた世界の指導者に共通していることがあります。それは「熱意」です。結局《けっきょく》は、「熱意」のある人が信頼《しんらい》される。「勝ちたい」「皆《みな》と成長したい」「部を団結させたい」「皆に喜《よろこ》んでもらいたい」という熱い思いが根底《こんてい》にあれば、さまざまな知恵《ちえ》が生まれる。その祈《いの》りを込めた題目は、必ず全体に通じていきます。

私も、戸田先生から、さまざまなリーダー論を教わった。確信《かくしん》を持つこと、誠実《せいじつ》を尽《つ》くすこと、心を配《くば》ること、力《ちから》を磨《みが》くこと——。それを支《ささ》えるのは「熱意」です。その信念《しんねん》です。祈《いの》りです。

ともあれ、苦労した人が偉大《いだい》になる。愛する未来部の皆《みな》さんが、良き友人と朗《ほが》らかに粘《ねば》り強く成長し、世界の大指導者に羽《は》ばたく日を、心から楽しみにしています。

※シュリーマンの言葉は、Leo Deuel, *Memoirs of Heinrich Schliemann—a documentary portrait drawn from his autobiographical writings, letters, and excavation reports*, Harper & Row（扉も同）。

7

誇《ほこ》り高く向上の道を

あなたを、これまでのあなたの
最善《さいぜん》の時以上のものにするものは、
すべて正しいものです

リルケ
オーストリアの詩人《しじん》

「私はやり切った」と言える人に

――本年（二〇二二年）も残り二カ月。特に中学・高校の三年生にとって大切な時期です。皆《みな》、新たな進路に向け、勉強と努力の日々を送っています。

名誉会長　未来部のみんなは、誰《だれ》もが社会の柱と育ちゆく大人材です。学会の将来を担《にな》うリーダーです。

創価家族が、皆《みな》さんの活躍《かつやく》する晴れ姿《すがた》を楽しみに待っています。

受験生は、風邪《かぜ》などひかないように、元気に頑張《がんば》ってください。全員の健康と勝利を、私も毎日、真剣《しんけん》に祈《いの》っているからね。

――ありがとうございます。メンバーと語り合う中で、進路に関する悩《なや》みを多く聞きます。将来に対し、漠然《ばくぜん》とした不安もあります。また、「どの学校に行ったらいいのか分からない」「将来の夢が見えず、進路もはっきり見えてこない」というメンバーもいます。

名誉会長 そうだろうね。

人生は、難《むずか》しい選択の連続です。とりわけ受験は、未来部のみんなが初めて迎《むか》える、大きな岐路《きろ》とも言えるでしょう。分からないことや不安があって、当然です。

だから、自分一人で悩《なや》みを抱《かか》えこまないで、親や学校の先生、信頼《しんらい》する先輩方《せんぱいがた》に率直《そっちょく》に相談しながら、大きな心で最高の進路を選び取っていただきたい。

「進路」とは「進む路《みち》」です。恐《おそ》れずに前へ前へ進むためにこそある。大事なのは、一歩踏《ふ》み出す勇気を持つことです。

太陽だって、曇《くも》っても、雨が降っても、厳然《げんぜん》と軌道《きどう》を進んでいく。

人間にも幸福へと向かう軌道《きどう》があります。それは「上へ上へ」と向かう軌道です。

何があっても、強く賢《かしこ》く、自分で自分を向上させていく軌道《きどう》です。

*

――明年(二〇一三年)には「中央教育棟《とう》」が完成するなど、発展を続ける創価大学や創価女子短期大学、さらにアメリカ創価大学、東西の創価学園へも、多くのメンバーが挑《ちょう》戦《せん》しています。

名誉会長　創立者として、これほどうれしいことはありません。できれば、受験してくれる全員を合格にして差し上げたい。

でも、そういうわけにもいかないし……。

ただ私にとっては、志願《しがん》してくれた人はみんな、創大生・短大生であり、学園生です。その人が必ず幸福になるよう、立派《りっぱ》になるよう、祈《いの》りに祈っていきます。絶対に忘《わす》れません。

これが、創立者の心です。

もちろん、どの学校を志望《しぼう》しても自由です。私の大切な宝《たから》である、未来部の君たちが目《め》指《ざ》すのだから、それぞれが決めた進路で伸《の》び伸びと断《だん》じて勝利できるよう、最大に応援《おうえん》したいのです。

＊

――どういう進路をとっても、向上していけばいいんですね。

名誉会長　その通りです。

この「向上の人生」の模範《もはん》を示《しめ》されたのが、創価の父・牧口常三郎《つねさぶろう》先生です。牧口先生は、みんなと同じ年代から働かねばなりませんでした。しかし、わずかな時間を見つけて本を開《ひら》いて学びました。そして独創的《どくそうてき》な地理学者、偉大《いだい》な教育者となられました。軍国《ぐんこく》主義と戦い、投獄《とうごく》されても、獄死《ごくし》されるまで学び続け、「向上の道」を進み抜《ぬ》かれたのです。このあまりにも崇高《すうこう》な探究者《たんきゅうしゃ》が、わが創価学会の創立者です。

きょうは、牧口先生と同じ時代を生きたオーストリアの詩人リルケの言葉を、皆《みな》さんに贈《おく》りたい。

「人生は正しいのです、どんな場合にも」
「あなたを、これまでのあなたの最善《さいぜん》の時以上のものにするものは、
すべて正しいものです」

ちょっと難《むずか》しいけど、自分の「最善《さいぜん》」「ベスト」を超《こ》えていくように励《はげ》ます、含蓄深《がんちくぶか》い言葉です。

自分を向上させていく道が、正しい道です。受験も就職も、たとえ自分の思うような道に進めなくても、その道で「自分を向上させていこう！」と決意できれば、それは正しい軌道《きどう》です。絶対に大勝利の人生を歩《あゆ》むことができる。「向上する心」さえあれば、進路に「失敗」はない。ゆえに、何も恐《おそ》れることはありません。

――『リルケ詩集』『ドゥイノの悲歌《ひか》』『マルテの手記』など、リルケの作品は、世界で時代を超《こ》えて共感を呼《よ》び、愛読されています。

名誉会長　リルケは若き日、自分で進路を選べず、悩みました。元軍人のお父さんの意向で軍人を目指《めざ》す学校に入れられたのです。そこになじめず、いじめを受けた。やがて退学。今度は商業学校に入学しますが、結局、そこも退学せざるを得《え》なかった。

本人も苦しんだだろうし、お父さんもがっかりしたようだ。

しかし、勉強をやり直し、その後、大学に進んだころから、ペンで身を立てる決心を固め、詩や散文《さんぶん》を書いて書いて書きまくっていったのです。

のちに、リルケは、さまざまな課題に直面したこの時代に「しばしば私の創造力《そうぞうりょく》は本当に活発に動き出しました」と振《ふ》り返っています。

そして、文豪《ぶんごう》トルストイや彫刻家《ちょうこくか》のロダンなどと出会いを重《かさ》ねながら、努力を続けました。悩《なや》みに負けず、自分らしく創造《そうぞう》の戦いを貫《つらぬ》き通したのです。

――そんな生き方が結晶《けっしょう》しているからこそ、世界の青年の心に響《ひび》く詩を残せたのですね。

名誉会長　青春の魂《たましい》は不屈《ふくつ》です。転《ころ》んでも、へこたれないで、また立ち上がればいいんです。

仏法では「煩悩即菩提《ぼんのうそくぼだい》」と説《と》きます。信心根本《こんぽん》でいけば、悩《なや》んだ分《ぶん》、苦労した分、全《すべ》てが「心の財《たから》」(御書一一七三ページ)に変わります。

今、具体的な将来像が見えなくても、焦《あせ》る必要はありません。

現代は、ただでさえ、情報があふれている時代です。将来の自分を思い描《えが》こうとする時に、悲観的《ひかんてき》な情報にふりまわされ、迷《まよ》ってしまうこともあるかもしれない。周囲《しゅうい》の友人と成績を比《くら》べて落ち込んでしまうこともあるでしょう。受験シーズンになれば、なおさらです。

しかし、リルケがそうであったように、目の前の課題に全力で取り組むうち、希望を持って進める「わが道」は、必ず見つかります。

＊

――「受験の日は刻々《こっこく》と近づいてくるのに、どうしても苦手《にがて》科目が克服《こくふく》できず不安だ」「成績がなかなか上がらず自信がない」というメンバーも多いようです。

名誉会長　そういう〝勝負〟の時に逃げない。「当たって砕《くだ》けろ」と思い切って立ち向かったことが「自信」になる。それは、生涯にわたって自分を支《ささ》えてくれます。

私も対談した、あの大秀才《だいしゅうさい》のトインビー博士も、パブリックスクール（＝寄宿制の中高一貫校）へ入るための試験が不安でしかたなかった。その時、ご両親から〝ベストを尽《つ》くせばいいんだよ。志望校に入れなくたって、この世《よ》が終わるわけじゃない〟と励《はげ》まされ、ほっとし、実力を出し切れたといいます。

「自分は自分なりに、できることをやり切った」と言える戦いをすれば、その人が勝利者です。

日蓮大聖人《にちれんだいしょうにん》は、「法華経《ほけきょう》を信ずる人は冬のごとし冬は必ず春となる」（御書一二五三ジペー）と仰《おお》せになられました。

厳《きび》しい冬を乗り越《こ》えてこそ、春に美しい花が咲《さ》き薫《かお》る。

どれだけ寒さが厳《きび》しくても、木々は一つも文句を言わず、じっと耐《た》える。そして少しずつ着実に、養分《ようぶん》を吸収《きゅうしゅう》している。万事《ばんじ》、大変な時こそ、本物の強さが身につくのです。

これから季節も、ぐっと寒くなってきます。受験生の皆《みな》さんが、忍耐《にんたい》と負けじ魂《だましい》で冬を乗り越《こ》え、勝利の春を迎《むか》えられるよう、皆で応援《おうえん》していこうよ。

未来部の一人ひとりが、どれほど偉大《いだい》な大樹《たいじゅ》に伸びゆくか。これが、私の一番の希望です。わが二十一世紀使命会《しめいかい》の皆《みな》さん、どうか、温かく見守り、こまやかに励《はげ》ましていただくよう、お願いします。

――はい！　一丸《いちがん》となって、受験生を後押《あとお》ししていきます。

ところで最近は、「本当は大学に行きたいけれど、家庭の事情で、進学を断念《だんねん》せざるを得《え》ない」という声が寄《よ》せられています。厳《きび》しい不況《ふきょう》の中、保護者の方《かた》が経済的に大きな困難《こんなん》に直面している場合も少なくありません。

名誉会長　ご家族の皆様《みなさま》のご苦労は、よく分かっています。信心根本《こんぽん》に乗り越《こ》えていけるよう、一生懸命《いっしょうけんめい》に題目を送っています。

未来部の皆《みな》さんにお願いしたいことは、どんなに経済的に厳《きび》しい状況《じょうきょう》であっても、絶対に卑屈《ひくつ》になったり、感傷的《かんしょうてき》になったりしてはいけないということです。

何もかも恵《めぐ》まれた中から、強い人間は育ちません。逆境《ぎゃっきょう》の中から、ダイヤモンドのように光る偉大《いだい》な力《ちから》を、朗《ほが》らかに胸を張って、磨《みが》き上げていただきたいのです。

牧口先生を師《し》と仰《あお》いだ私の恩師《おんし》・戸田城聖《じょうせい》先生も、高等小学校を首席《しゅせき》で卒業したが、家業を支《ささ》えるために進学できなかった。それでも屈《くっ》しないで、商店に勤《つと》めながら向学心《こうがくしん》を燃《も》やし、小学校の教員になられました。

私の大切な友人である韓国の趙文富《チョムンブ》博士は、名門の国立済州《チェジュ》大学の総長を務《つと》められました。この博士も、経済的な理由から中学進学を断念《だんねん》せざるを得《え》なかった。だから、苦学の末《すえ》に教育者になってからは、給料をはたいて、後輩《こうはい》の援助《えんじょ》を続けてこられました。つらく悔《くや》しい思いが、博士の学問の道を開《ひら》き、人格を輝《かがや》かせたのです。

人生は自分次第《しだい》です。環境《かんきょう》に決められるのではない。自分が環境をつくるのです。自分が道を切り開《ひら》くのです。その魂《たましい》を燃《も》やすために、信心があるのです。

＊

――以前、創価大学生の体験を聞きました。彼は小・中学生のころ、いじめに遭《あ》っていました。ある日、池田先生のスピーチを聴《き》いて決意し、いじめを克服《こくふく》しました。創価大学を目指《めざ》しましたが、お父さんを亡《な》くし、経済的にも厳《きび》しくなり、進学はあきらめかけました。しかし、「命《いのち》の恩人《おんじん》である池田先生の大学に行きたい」と、必死に祈《いの》る中で、思いがけないところから学資《がくし》を援助《えんじょ》してくれる人が現れたのです。さらに創価大学は、さまざまな奨学金《しょうがくきん》などの制度も大変に整備《せいび》されています。

今、彼は、創価大学の大学院博士課程《かてい》で大いに学びながら、後輩《こうはい》の勉学もサポートしています。

名誉会長　うれしいね。不可能《ふかのう》を可能にしてくれたんだね。

「学びの道」は明るい。その道は必ず開《ひら》けていく。ゆえに、何があっても、「向学《こうがく》の心」を失《うしな》わないことだ。前進し続けることだ。そうして進んだ道が、君にしかない、あなたにしかない「使命の道」「充実《じゅうじつ》の道」「勝利の道」になっていきます。

その力《ちから》を、あなたは持っている。

その可能性《かのうせい》を、君は持っている。

生命に厳然《げんぜん》と具《そな》わる無限《むげん》の力《ちから》を引き出していく妙法《みょうほう》を朗々《ろうろう》と唱《とな》えながら、ともかく前へ前へと、誇《ほこ》り高く向上の道を進んでいこう！

※リルケの言葉は、「若き詩人への手紙」中村ちよ訳（『リルケ全集 6』〈彌生書房〉所収。扉も同）、秋山英夫訳編『美しき人生のために』（社会思想社）。星野慎一・小磯仁著『人と思想 161 リルケ』（清水書院）等を参照。

8

秀《しゅう》才《さい》とは親《おや》孝《こう》行《こう》の人なり

フィリピンの若き大英雄《だいえいゆう》

ホセ・リサール

子どもが両親に表《あらわ》せる最高の敬意《けいい》とは、
誠実《せいじつ》な人となり、
社会から尊敬《そんけい》される人になることである

「報恩《ほうおん》」は究極《きゅうきょく》の幸福の軌道《きどう》

――一年の締《し》めくくりの十二月、未来部のメンバーは、各自の目標に向けて元気に前進しています。

名誉会長　この一年の全員の奮闘《ふんとう》を、私は心から讃《たた》えたい。

とともに、何かと気ぜわしい年末です。交通事故や火災に注意をお願いします。

受験生のメンバーをはじめ、みんなの健康・無事故と大勝利を、毎日、祈《いの》っています。

日本では十二月を「師走《しわす》」と呼んでいます。私の恩師《おんし》・戸田城聖《じょうせい》先生は、ユーモアを交《まじ》えて、皆《みな》に語られていました。

「師走《しわす》といって、文字通り、〝師《し》も走って〟いるのだよ。皆《みな》さんも多忙《たぼう》だと思うが、私も走っている。広宣流布《こうせんるふ》のために、ひとつ頑張《がんば》ってくれ」

皆《みな》さんのお父さん、お母さんは、地域に幸せを広げるため、世界を平和にするために、一生懸命《いっしょうけんめい》、走り回ってくださっている。誰《だれ》よりも尊《とうと》い〝仏《ほとけ》の使い〟であり、誰よりも立派《りっぱ》な〝国の宝《たから》〟です。どんなに感謝してもしきれません。
皆《みな》さんは、この偉大《いだい》なる父母《ちちはは》を大切にし、親孝行を頼《たの》みます。

＊

――池田先生から、いつも「親孝行」の大切さを教えていただいています。ですから、忙《いそが》しい親の手伝いを心掛《こころが》けたり、家族で過《す》ごす正月には「親孝行」をしようと決意したりしているメンバーもいます。

名誉会長　その気持ちをお父さん、お母さんが知ったら、涙《なみだ》を流すほど喜ぶよ。疲《つか》れや悩《なや》みも吹《ふ》き飛び、お年玉だって余計にあげたいと思う。（笑い）
親というのは、そういうものです。私は、高等部の皆《みな》さんに「秀才《しゅうさい》と　親孝行は　一致《いっち》かな」と詠《よ》んで贈《おく》ったことがあります。
親孝行は、人間性の芸術です。
親孝行は、究極《きゅうきょく》の幸福の道です。

親孝行は、世界平和の礎《いしずえ》です。

＊

――メンバーから、「親孝行をしたいと思っているのですが、何をすればいいのか分かりません」という質問も寄《よ》せられています。

名誉会長　仏法では、親孝行に三つの段階があると説《と》きます。

第一に、親に衣食《いしょく》などをプレゼントすること。

第二に、親の思いに従《したが》うこと。それぞれ、大事な親孝行です。

その上で、第三の最高の親孝行とは、妙法《みょうほう》の力《ちから》で、親の生命を永遠《えいえん》に救《すく》っていくことであると、教えています。

つまり、皆《みな》さんが大宇宙の法則である題目を唱《とな》え、信心を根本《こんぽん》に立派《りっぱ》な人に育つことが、何よりの親孝行になるのです。

ですから、今は大いに学び鍛《きた》え、やがて多くの友を幸福へとリードし、社会に世界に貢《こう》献《けん》していくことです。

わが子が「あなたのお子さんのおかげで」と皆《みな》から感謝されるような人になってくれる。それは親にとって、何ものにも代《か》え難《がた》い喜《よろこ》びであり、誇《ほこ》りです。子育ての苦労が報《むく》われたと感じるものです。

君自身の成長が、あなた自身の栄光が、一番の親孝行なんです。

親子の関係というのは、ずっと続く。いつまでたっても、親は親、子は子です。たとえ亡《な》くなっても、生命はつながっている。

ゆえに、親孝行とは、一生涯《いっしょうがい》の目標といってよい。じっくり焦《あせ》らずに、自分自身を磨《みが》いていくことです。

その意味から、今回は、フィリピンの若き大英雄《だいえいゆう》ホセ・リサールの言葉を皆《みな》さんに贈《おく》りたい。

「子どもが両親に表《あらわ》せる最高の敬意《けいい》とは、誠実《せいじつ》な人となり、社会から尊敬《そんけい》される人になることである」

＊

――リサールは、十九世紀の後半、植民地として支配されていたフィリピンを独立に導《みちび》いた英雄《えいゆう》です。三十五歳の若さで革命《かくめい》に殉《じゅん》じました。言語学者や詩人、小説家、医師、美術家、農学者、教育者としても活躍《かつやく》した、「アジアのルネサンス人」と言うべき万能《ばんのう》の偉《い》人《じん》です。

名誉会長　そうだね。彼の才能《さいのう》の原点は、両親、特に母親の愛情あふれる教育でした。お母さんは、リサールが幼《おさな》いころから読書を勧《すす》め、時には読み聞かせもしてあげました。その時、聞いた物語が、生涯《しょうがい》、彼を支《ささ》えました。

お母さんと共《とも》に「語学」を学び、世界市民の大きな心を養《やしな》い、のちに二十二もの言語を使いこなせるようになっていています。

ところがある時、そのお母さんが、支配者たちの策略《さくりゃく》によって、二年半もの間、投獄《とうごく》されてしまう。もちろん、全《まった》く無実の罪《つみ》です。学問があったお母さんは、権力者《けんりょくしゃ》の言いなりにはならず、ねたまれ、憎《にく》まれていたのです。

理不尽《りふじん》な権力の魔性《ましょう》を目《ま》の当《あ》たりにしたリサール少年は、祖国の独立を誓《ちか》います。母のため、国のため、立ち上がったのです。その勇者《ゆうしゃ》の精神は、今もフィリピンの大地に光り輝《かがや》いています。

——〝親の恩《おん》に報《むく》いるんだ！〟との思いが、リサールの精神を、迫害《はくがい》をも恐《おそ》れぬ強い魂《たましい》へと磨《みが》いていったのですね。

＊

名誉会長　その通りです。

私の大好きな沖縄の民謡《みんよう》（「てぃんさぐぬ花」）には、〝天の星は数えようと思えば数えられるけれど、親の教えは数え切れない〟という歌詞があります。親は、子どもが見えないところで、想像《そうぞう》できない苦労を重《かさ》ねて、君たちを育ててくれています。そうした親の恩《おん》を知り、恩に報《むく》いていく時、大いなる力《ちから》が湧《わ》きます。

日蓮大聖人《にちれんだいしょうにん》は、十二歳の時、父母の恩《おん》に報《むく》いようと、「日本第一の智者《ちしゃ》となし給《たま》へ」（御書八八八ページ等）との誓願《せいがん》を立てられました。

心こそ、一切の根本《こんぽん》です。

「親孝行」という心があれば、人間は、どこまでも成長していけるんです。

その上で、具体的な〝親孝行の方法〟があります。

大聖人は、青年門下の南条時光《なんじょうときみつ》に、「親に良い物をあげようと思っても、何もできない時は、せめて日に二度、三度、笑顔を見せてあげなさい」（御書一五二七ジペー、通解）と、実《じつ》に分かりやすく教えてくださっています。

みんなは、まだ働いていないんだから、無理して高価な物をプレゼントしたら、かえって心配をかけてしまうでしょう。

でも、笑顔は〝タダ〟です。自分の〝心の銀行〟から、いくらでも引き出すことができる。しかも、親が一番、喜《よろこ》んでくれる。

わが子が笑顔であれば、親は無条件《むじょうけん》で幸せなのです。

＊

――「素直《すなお》に笑顔になれない」「いまさら照《て》れくさい」というメンバーもいるかもしれません……。

名誉会長　まあ、思春期《ししゅんき》だもの。しょうがない一面もある。笑顔が苦手《にがて》であれば、元気

よく声を出すことです。

特に、返事が大事だ。「はい！」の一言は、親を安心させる〝魔法《まほう》の言葉〟なんだよ。

「いってらっしゃい。気をつけるのよ」「はい！　いってきます」

「ちょっと、宿題がまだでしょう」「はい！　今やります」（笑い）

「いいかげん、テレビ消して！」「はい！　すぐ消します」（爆笑）

何でもいいんだよ。とにかく元気に「はい！」と返事をすることです。そうすれば、親はまず安心するんです。

「宿題したの？」「うるさい」

「早く寝《ね》なさい」「やだ」

「歯を磨《みが》きなさい」「ウザい」

これでは、親がかわいそうだ。親は、いつだってうるさいものです。〝ああ、うちの親は、エネルギーがあり余《あま》っていて、いいな〟と、とらえていくことです。（笑い）

明るい返事一つで、親も自分も、驚《おどろ》くほど心が明るくなる。家庭の雰囲気《ふんいき》が温かくなる。みんなの返事には、それほど大きな力《ちから》がある。

＊

――仏法でも「声仏事《ぶつじ》を為《な》す」（御書七〇八ジペー）と、声や言葉の重要性が強調されています。

名誉会長　先日（二〇一二年十一月）、創価学園を訪問してくださったモンゴルの大詩人メンドオーヨ先生（モンゴル文化詩歌《しいか》アカデミー総裁《そうさい》）も言われていました。

「言葉ほど力強《ちからづよ》いものはありません。言葉は使い方《かた》によって、『光の言葉』として人々を輝《かがや》かすことができます」と。

真心《まごころ》を言葉にすることです。

「お母さん、いつもありがとうございます」

「お父さん、肩《かた》でももみましょうか」

「毎日、健康を祈《いの》っています」

「必ず立派《りっぱ》になって、将来は海外旅行に連れていきます」

たまには、これくらいのことを言ってあげようよ。「熱でもあるのか？」と心配されるかもしれないが（笑い）、心ではうれしいものだよ。

ともあれ、何か特別なことをするのが親孝行とは限《かぎ》らない。毎朝、早く起きて、きちんと朝食を食べて学校に行く。勉強を頑張《がんば》る。友達と仲良くする――そうした行動一つ一つが親孝行につながります。

――お父さんやお母さんがいなくて、人知れず、寂《さび》しい思いをしているメンバーも、少なくありません。

名誉会長　よく、分かります。でも、みんなは師子《しし》の子です。強く明るく朗《ほが》らかに、胸を張って生きていくんです。

お母さん一人ならば、お父さんの分《ぶん》まで二倍、大事にしてあげていただきたい。お父さん一人ならば、お母さんの代《か》わりになって支《ささ》えてあげてください。

親を亡《な》くした友もいるでしょう。しかし、あなたの胸の中で生きておられる。御本尊《ごほんぞん》を拝《はい》すれば、御本尊の中におられます。題目で結《むす》ばれています。いつも成長を見守ってくれている。みんなの努力に必ず大拍手を送ってくれているのです。

日蓮大聖人《にちれんだいしょうにん》は、母を亡《な》くした門下に、仰《おお》せになられた。

「我《わ》が頭《こうべ》は父母の頭・我が足は父母の足・我が十指《じっし》は父母の十指・我が口《くち》は父母の口なり」（御書九七七ジペー）

ゆえに、父母から授《さず》かった我《わ》が身を使って広宣流布《こうせんるふ》に励《はげ》む功徳《くどく》は、そのまま、全《すべ》て父母の生命に伝わっていきます。

君の勝利の姿《すがた》が、父母の勝利の姿なのです。

＊

――「どうしても親を尊敬《そんけい》できない」と言うメンバーもいます。

名誉会長　今はそれでもいい。親がどうあれ、自分は自分です。一人の人間として、思う存分《ぞんぶん》、伸《の》びていこうよ。かけがえのない、わが青春なのだから。

自分だけでは抱《かか》えきれない、難《むずか》しい問題があったら、信頼《しんらい》できる学会の先輩《せんぱい》に相談してください。

その上で忘《わす》れてはならないのは、「生んでくれたこと自体に大恩《だいおん》がある」ということです。親も人間です。決して完璧《かんぺき》ではない。

聡明《そうめい》な皆《みな》さんは、どうか、親の悩《なや》みや苦労も察《さっ》してあげられる「大人」になってください。

戸田先生は「親をも愛せない者には、広宣流布《こうせんるふ》はできない！」と、あえて厳《きび》しく言われました。

親子の縁《えん》は不思議であり、深い意味がある。みんな、偉大《いだい》な使命《しめい》を果《は》たさんがために、自分の親を選んで生まれてきたんだ。

だからこそ、親を大切にすることは、生まれてきたこと、生きることへの感謝の表《あらわ》れです。親孝行しようという心は、自身の生命を大きく開《ひら》くことになるのです。

ともあれ、皆《みな》さんには、共《とも》に悩《なや》み、共に祈《いの》ってくれる創価家族もついています。私も一緒《いっしょ》です。

大きな明るい心で、楽しく賑《にぎ》やかに希望の新年を迎《むか》えようよ！

※リサールの言葉は、*Letters between Rizal and Family Members*, National Heroes Commission（扉も同）。

9

世界が君《きみ》の本舞台《ほんぶたい》

未来学者
ヘイゼル・ヘンダーソン

同じ地球に住む一人の人間として、
今、自分が住んでいる場所で、
可能《かのう》な限《かぎ》りの行動を起こしていく

私が開《ひら》いた友情の大道《だいどう》を皆《みな》さんに託《たく》したい

名誉会長　未来部の皆《みな》さん、新年（二〇一三年）、おめでとう！　グングンと大樹《たいじゅ》に伸《の》びていく皆《みな》さん方《がた》と新しい年を出発できることが、私は本当にうれしい。

——中等部、高等部の皆《みな》さんからも、「海外で活躍《かつやく》できる人になります」「池田先生に続いて、世界中の人と友情を結《むす》んでいきます」等、決意が寄《よ》せられています。

名誉会長　そう言ってくれる皆《みな》さんのために、私はこれからも世界に道を開《ひら》いていきます。世界広宣流布《こうせんるふ》の土台は、完璧《かんぺき》にできあがりました。あとは「人材」です。みんなが力《ちから》をつけ、偉大《いだい》なリーダーに育ってくれることです。

未来部の君の成長が、あなたの前進が、人類の希望です。

どうか、〝心の世界地図〟を大きく広げ、自《みずか》らの無限《むげん》の可能性《かのうせい》を開《ひら》きながら、勝利、勝利の一年にしていってください。

＊

――最近は、どの国に行っても、ＳＧＩのメンバーと会うことができる。そういう時代になりました。

名誉会長　すごいことだね。

恩師《おんし》・戸田城聖《じょうせい》先生は、「君の本当の舞台《ぶたい》は世界だよ」と、私に平和のバトンを託《たく》してくださった。私は、世界に行けなかった先生の〝分身《ぶんしん》〟として駆《か》けめぐりました。師の心を心として、世界を友情で結《むす》んできました。

ＳＧＩが発足《ほっそく》したのは、三十八年前の一月のことです（一九七五年一月二十六日、グアム）。あの日、私は発足式《ほっそくしき》の会場の署名簿《しょめいぼ》に「池田大作」と書き、国籍《こくせき》の欄《らん》には「世界」と記《しる》しました。戸田先生が叫《さけ》ばれた「地球民族主義」が、私の信条《しんじょう》だからです。

今やＳＧＩの連帯《れんたい》は、国家や民族、人種《じんしゅ》など、あらゆる違《ちが》いを超《こ》え、人類を結《むす》ぶ平和の連帯になっています。

一人ひとりが、それぞれの国、それぞれの地域に根を張り、「良き市民」として、信頼《しんらい》を集め、社会に大きく貢献《こうけん》しています。

＊

――世界へ雄飛《ゆうひ》しようと決意する未来部員から、「世界市民になるためには何をすればいいですか」という質問がありました。


名誉会長　偉《えら》い。いい質問だね。

「シンク・グローバリー、アクト・ローカリー」という言葉を聞いたことがあるかな。「地球規模《きぼ》で考え、地域から行動する」という意味で、世界市民の条件《じょうけん》です。

この言葉は、私と共《とも》に対談集を発刊した未来学者のヘイゼル・ヘンダーソン博士が、地球環境《かんきょう》の問題を解決《かいけつ》するために掲《かか》げていたスローガンです。

博士は、私との対談で、世界市民になることは「決して難《むずか》しいことではない」と言われていた。大事なのは、さまざまな世界の問題に対して、

「同じ地球に住む一人の人間として、今、自分が住んでいる場所で、可能《かのう》な限《かぎ》りの行動を起こしていくこと」

と語られています。

この言葉を、皆《みな》さんに贈《おく》りたい。「世界市民」とは「心」で決まる。日ごろの「行動」で決まります。

――ヘンダーソン博士は、もともと無名《むめい》の一主婦でありながら、大気汚染《おせん》などの環境《かんきょう》の改善《かいぜん》に立ち上がった女性リーダーですね。

名誉会長　そうです。今から五十年ほど前のアメリカ・ニューヨークは、人の肌《はだ》がススで汚《よご》れてしまうほど、大気汚染《おせん》がひどかった。博士は、子どもたちの未来を守るために、立ち上がりました。

まず、広場に集まる母親たちに声をかけ、少しずつ仲間を増《ふ》やし、小さなグループをつくりました。そして、市長やテレビ局に手紙を書き、庶民《しょみん》の苦しみを訴《うった》えました。環境《かんきょう》を破壊《はかい》する企業にも強く抗議《こうぎ》します。しかし、〝主婦に何が分かる〟とあざ笑《わら》われました。しかし、博士は負けなかった。自《みずか》らが猛《もう》勉強していくとともに、市民の声を高めながら、粘《ねば》り強く、公害を規制《きせい》する法律を成立させる流れをつくっていきました。

＊

――一人の勇気ある行動が、社会を変え、世界を変革《へんかく》していったのですね。

名誉会長　その通りです。

ヘンダーソン博士の勇気の原点は、偉大《いだい》なお母さんの姿《すがた》でした。

博士が六歳の時、第二次世界大戦が起こり、当時住んでいたイギリスも空爆《くうばく》を受けました。博士のお母さんは、焼け出された人たちのために自宅の部屋を開放し、多くの人々を助けたのです。

自分も苦しい、それでも、苦しんでいる人を救《すく》わずにいられない――この崇高《すうこう》な母の魂《たましい》こそ、「世界市民」の原点です。

実《じつ》は「世界市民」の最《もっと》も良い模範《もはん》が、皆《みな》さんのすぐ側《そば》にいる。それは、みんなのお父さん、お母さんであり、近所の学会員さんです。

毎日毎日、地域のため、あの人この人のために、一生懸命《いっしょうけんめい》、行動を積《つ》み重《かさ》ねながら、しかも「世界広宣流布《こうせんるふ》」という、大きな大きな理想に燃《も》えています。

時には「トインビー博士は……」とか、「ゴルバチョフ元大統領《もとだいとうりょう》も……」などと、まるで自分の友達のようにしゃべる。(笑い)

悩《なや》む人がいれば、生命の希望の哲学を語り、宇宙の大法則《だいほうそく》を語り、人間蘇生《そせい》の体験を語る。共《とも》に涙《なみだ》を流し、共に祈《いの》り、励《はげ》ましを送る。

これほど地道《じみち》に、着実に、人類の幸福のため、世界の平和のために貢献《こうけん》している人が、どこにいるだろうか。この素晴《すば》らしき創価の父母《ちちはは》の連帯《れんたい》を、ヘンダーソン博士も心から賞讃《しょうさん》されています。

＊

——あるメンバーから、「池田先生のように、文化や言葉、宗教も違《ちが》う人と語り合い、世界に友情を結《むす》ぶには、何が大切ですか」という質問がありました。

名誉会長　「世界」と言っても、根本《こんぽん》は「人間」対「人間」です。

同じ「人間」という視点《してん》に立てば、共通点はたくさん見つかります。

特に「生老病死《しょうろうびょうし》」という万人《ばんにん》の課題を、心ある知性は真剣《しんけん》に思索《しさく》しています。ですから、仏法を学び、実践《じっせん》しているということは、「生命」という最《もっと》も奥深《おくぶか》い次元で心が通《かよ》う対話を進めることができるのです。

ともあれ、外国の方々と友情を結《むす》ぶと言っても、何も特別なことではありません。

人間として尊敬《そんけい》するのです。

人間として率直《そっちょく》に語るのです。

人間として理解し合うのです。

ゆえに、人間としての振《ふ》る舞《ま》いが重要です。

例《たと》えば、自分からあいさつができる人、自分から声をかけられる人は、世界市民です。朗《ほが》らかなあいさつ一つ、明るい声一つで、〝ああ、この人は、いい人だな〟と、相手が安心し、打ち解《と》け合うことができるからです。

また、「約束は必ず守る」ことも世界の指導者に共通《きょうつう》しています。

戸田先生は、「青年の最高の修行《しゅぎょう》は、約束を守ることだ」と、いつも教えてくださった。偉大《いだい》な人は、信義《しんぎ》を貫《つらぬ》きます。友との約束、そして、自分自身との約束を、絶対に破《やぶ》りません。誓《ちか》ったことを必ずやり通す——この人間としての「信念《しんねん》」が、君を、あなたを、世界市民へと育ててくれるんだよ。

＊

——池田先生の「人間外交《がいこう》」は、日本と中国、日本とロシアなども大きく結《むす》んでこられました。


名誉会長　平和を愛する一人の人間として、私は私の次元で「可能《かのう》な限《かぎ》りの行動」を誠《せい》実《じつ》に貫《つらぬ》いてきただけです。

一九七四年、私が初めて中国を訪問した時、かわいらしい一人の少女が私に尋《たず》ねてきました。

「おじさんは、何をしに中国に来たのですか？」

私は答えました。

「あなたに会いに来たのです」

それは、まぎれもない私の率直《そっちょく》な思いでした。「人間と人間、民衆《みんしゅう》と民衆、青年と青年を結《むす》ぶ懸《か》け橋に」――これが私の決心でした。

中国に続いて、ソ連も訪《おとず》れました。当時、ソ連は〝こわい国〟という印象《いんしょう》を持っている人が少なくなかった。

行く前には、〝宗教者なのに、なぜ宗教を否定《ひてい》する共産主義の国に行くのか〟と、批判《ひはん》もされました。私は答えました。

「そこに、人間がいるからです」

そうやって世界に開《ひら》いてきた「友情のシルクロード」を、私は皆《みな》さん方《がた》に託《たく》していきます。

＊

――池田先生は、アメリカの名門コロンビア大学での講演で、世界市民の模範《もはん》として、

一、生命の平等《びょうどう》を知る「智慧《ちえ》の人」

二、違いを尊重《そんちょう》できる「勇気の人」
三、人々と同苦《どうく》できる「慈悲《じひ》の人」
の三点をあげられました。

この視点《してん》は、世界の争《あらそ》いごとを解決《かいけつ》するための重要な条件《じょうけん》としても注目されています。


名誉会長　皆《みな》さんは、これから世界中の人と友達になり、平和を創造《そうぞう》していく若き指導者です。

学びに学んで、人間としての実力を、じっくり磨《みが》いていってください。

世界の文学にも挑戦《ちょうせん》してもらいたいね。読書は、ただ「情報」を得《え》るだけではなく、その国の文化や歴史も深く学ぶことができる。豊《ゆた》かな「心」の共感を広げてくれます。

とともに、語学をしっかりと学んでほしい。語学は〝世界へのパスポート〟です。一つの言語と言わず、これからは二つも、三つも必要になります。

東北・岩手生まれの新渡戸稲造《にとべいなぞう》博士は、若き日に「太平洋の懸《か》け橋」となることを志《こころざ》し、国際連盟《れんめい》事務次長も務《つと》めた世界市民です。初代会長の牧口先生とも、交友がありました。

その博士が、こう言われています。

「自分の現在の義務《ぎむ》を完全に尽《つ》くす者がいちばん偉《えら》いと思う。そして、自分の現在の義務は何であるかをはっきり認《みと》め得《う》る人は、人生の義務と目的とを理解する道に進むであろう」

博士は、今の自分自身を掘《ほ》り下げていけば、世界に道は開《ひら》かれていくと考えていました。今、この時に、学んで学んで、自分を深めていく——その努力の先に、世界はいくらでも広がっている。

世界がみんなを待っています。

＊

——未来部員の中には、語学が苦手《にがて》という人がいます。

名誉会長　これまでは、そうだったかもしれない。しかし、人は変わることができます。学ぼうと決意した時がチャンスです。

勉強するのに「遅《おそ》すぎる」なんてことは、絶対にありません。「習うより慣《な》れろ」です。最近のあれだけ難《むずか》しい日本語を話せるんだもの（笑い）、外国の言葉も必ず話せるようになります。

私が、みんなと同じ年代のころは戦争中だったので、英語は敵性語《てきせいご》として勉強できませんでした。

もう一度、学生時代に戻《もど》れるならば、語学をしっかり身につけたいと、つくづく思います。だから、若い皆《みな》さんは思い切り語学を習得《しゅうとく》して、世界に友情を広げていただきたいのです。

できれば、お父さんやお母さんも、外国に案内して差し上げてほしい。

「世界広宣流布《こうせんるふ》」は、日蓮大聖人《にちれんだいしょうにん》が御生涯《ごしょうがい》をかけられた大願《だいがん》です。御書《ごしょ》を拝《はい》すると、「世界」をあらわす「一閻浮提《いちえんぶだい》」「閻浮提」「閻浮」という言葉が、実《じつ》に二百カ所以上も、記《しる》されています。

この大仏法を持《たも》つ皆《みな》さんが、立派《りっぱ》な世界市民と躍《おど》り出て、社会と広布《こうふ》のリーダーとして大活躍《だいかつやく》していくことは決まっています。

その日を楽しみに、この一年も、皆《みな》さんと一緒《いっしょ》に前進したい。

さあ、新しい年の始まりに、新しい目標を掲《かか》げて出発しよう！
共《とも》に未来へ！　共々に世界へ！

※ヘンダーソン博士の言葉は、『地球対談　輝く女性の世紀へ』（『池田大作全集114』〈聖教新聞社〉収録。
扉も同）。新渡戸稲造の言葉は、『自分をもっと深く掘れ！』（三笠書房）。

10

祈《いの》りは青春勝利の力《ちから》

非《ひ》暴《ぼう》力《りょく》の闘《とう》士《し》
マハトマ・ガンジー

心からの祈りによって、
成《な》し遂《と》げられないものは、
この世界にない
祈る人間には退《たい》却《きゃく》というものはない

唱題《しょうだい》と努力《どりょく》が不可能《ふかのう》を可能に

名誉会長　寒い日が続いているね。皆《みな》さんが風邪《かぜ》をひかないように、「健康第一」で元気に勉学に励《はげ》めるように、いつもいつも、題目を送っています。

――ありがとうございます！

受験生も、いよいよ勝負の時を迎《むか》えています。私たち担当者も、全力で応援《おうえん》していきます。受験や、日ごろの勉強、クラブ活動での目標を立て、また、さまざまな悩《なや》みなどを機《き》に、勤行《ごんぎょう》・唱題《しょうだい》に挑戦《ちょうせん》し始めたメンバーも数多くいます。

名誉会長　目標を掲《かか》げて、祈《いの》る。祈って、悩みに立ち向かう――素晴《すば》らしいことじゃないか。ここに、生命の真《しん》の輝《かがや》きがあります。

そもそも、祈《いの》ることは、人間にしかできない「特権《とっけん》」です。また、人間として最《もっと》も崇高《すうこう》な行動です。

ましてや、宇宙の大法則《だいほうそく》である妙法《みょうほう》を、若くして持《たも》った皆《みな》さんです。この題目を唱《とな》えられることが、どれだけ偉大《いだい》なことか——。

今はまだ分からないかもしれない。でも、必ず深く実感できる時が来ます。

＊

——読者からも、多くの質問が寄《よ》せられています。「『祈《いの》りは必ず叶《かな》う』と親に言われましたが、なかなか信じられません」「なぜ、祈りは叶うのでしょうか？」という声がありました。


名誉会長　日蓮大聖人《にちれんだいしょうにん》は、率直《そっちょく》に質問を寄《よ》せてきた門下を、最大に讃嘆《さんたん》されました。

「仏法について疑問《ぎもん》を持ち、その意味をお尋《たず》ねになったことは、尊《とうと》い大善《だいぜん》の行《おこな》いです」（御書一四〇二ページ、趣意）と。

ですから、みんなが、信心について考え、質問すること自体に、実《じつ》は大きな功徳《くどく》があるんです。

では、なぜ祈《いの》りは叶《かな》うのだろうか。それは、君自身に、もともと祈りを叶える力《ちから》があるからです。あなた自身が、本来、無限《むげん》の可能性《かのうせい》を秘《ひ》めた存在だからです。

仏法では、全《すべ》ての人々に、一人ももれなく、「仏界《ぶっかい》」、すなわち仏《ほとけ》の生命が厳然《げんぜん》と具《そな》わっていると説《と》かれています。


――はい。「仏界《ぶっかい》」については、教学部の任用《にんよう》試験で「十界論《じっかいろん》」を学んだメンバーもいます。

私たちには、十種類の境涯《きょうがい》(地獄界《じごくかい》・餓鬼《がき》界・畜生《ちくしょう》界・修羅《しゅら》界・人《にん》界・天《てん》界・声聞《しょうもん》界・縁覚《えんがく》界・菩薩《ぼさつ》界・仏《ぶっ》界)があり、それぞれの「縁《えん》」に触《ふ》れることで、その生命が現れてくる、という教えですね。


名誉会長　その通りです。

みんな、一日の生活を見ただけでも、いろんな境涯《きょうがい》が現れていることが分かるよね。

「一人一日の中に八億四千念《ねん》あり」(御書四七一ページ)とされるくらい、人の心は縁《えん》によって目まぐるしく変化します。では、一番、力強《ちからづよ》い「仏界《ぶっかい》」を引き出していくためには、どうすればいいのだろうか。

結論からいえば、「南無妙法蓮華経《なんみょうほうれんげきょう》」と御本尊《ごほんぞん》に題目を唱《とな》えること。この祈《いの》りから始まるのです。

＊

——唱題《しょうだい》すると、なぜ、仏《ほとけ》の生命が湧《わ》き出してくるのでしょうか。

名誉会長　「南無妙法蓮華経《なんみょうほうれんげきょう》」が、仏《ほとけ》の生命の〝名前〟だからです。みんなもそれぞれ、名前を持っています。「○○君」「○○さん」と呼《よ》ばれれば、「はい」と言って、振《ふ》り向くよね？

同じように、「南無妙法蓮華経《なんみょうほうれんげきょう》」の題目を唱《とな》えることで、自分の中から、仏界《ぶっかい》の生命が呼《よ》ばれて、「はい！」と元気良く出てくるんだ。

大聖人《だいしょうにん》は御書《ごしょ》で、「我《わ》が生命の中の仏性《ぶっしょう》が南無妙法蓮華経《なんみょうほうれんげきょう》と呼《よ》ばれてあらわれるところを仏《ほとけ》というのである」（五五七ジ、趣意）と仰《おお》せです。

そして、南無妙法蓮華経《なんみょうほうれんげきょう》は、宇宙を貫《つらぬ》く根源《こんげん》の法です。太陽や星が運行《うんこう》していく究極《きゅうきょく》の力《ちから》でもあります。

宇宙のあらゆる存在の奥底《おうてい》に、みんなと同じく南無妙法蓮華経《なんみょうほうれんげきょう》が厳然《げんぜん》と具《そな》わっている。ですから、ひとたび、題目を唱《とな》えれば、その全《すべ》てが呼《よ》び起こされ、味方となっていくんです。

御本尊《ごほんぞん》は、いわば大宇宙に開《ひら》かれた生命の窓《まど》です。題目は、宇宙のあらゆる仏界《ぶっかい》を呼《よ》び起こす合言葉《あいことば》といえる。

唱題《しょうだい》をすることで、自身に宇宙大の可能性を開《ひら》いていくことができる。自分でも気づいていない、本当の自分の力《ちから》を湧《わ》き立たせていくことができるのです。そして、宇宙の善《ぜん》の力《ちから》を全《すべ》て味方にしていくのだから、これほど強いことはないんだよ。

これは、戸田城聖《じょうせい》先生の弟子として、世界に仏法を弘《ひろ》めてきた、私の人生の確信《かくしん》です。

今、題目を唱《とな》える創価の連帯《れんたい》が世界百九十二カ国・地域に広がっていることは、妙法の偉大《いだい》さの何よりの証明《しょうめい》です。

仏教発祥《はっしょう》の国・インドの地にも今、皆《みな》さんと同じ世代の友が唱題《しょうだい》に挑戦《ちょうせん》しています。実《じつ》は、インド独立運動の大指導者マハトマ・ガンジーも、「南無妙法蓮華経《なんみょうほうれんげきょう》」の題目を、祈《いの》りに取り入れていました。この非暴力《ひぼうりょく》の闘士《とうし》は、あらゆる行事や集会を、「祈り」から始めていたのです。

——池田先生は、インドの国立ガンジー記念館から招請《しょうせい》され、ガンジーの人と思想をめぐって、講演をされました。その日は、東洋広布を願《ねが》われた戸田先生の誕生日である二月十一日でした（一九九二年、「不戦《ふせん》世界を目指《めざ》して——ガンジー主義と現代」）。

＊

名誉会長　そうだったね。わが恩師《おんし》にささげる思いで講演させていただきました。

マハトマ・ガンジーは、人間に秘《ひ》められた力《ちから》を信じ抜《ぬ》きました。権力《けんりょく》の迫害《はくがい》にも屈《くっ》せず、正義の信念《しんねん》を貫《つらぬ》き通しました。その根幹《こんかん》には、「祈《いの》り」の力があったのです。

ガンジーは、題目が、人間に内在《ないざい》する力《ちから》の究極《きゅうきょく》の表現であり、宇宙の生命そのものであることも学び取っていました。

今回は、皆《みな》さんに、ガンジーの信念の言葉を贈《おく》りたい。

「心からの祈りによって、成《な》し遂《と》げられないものは、この世界にない」

「祈《いの》る人間には退却《たいきゃく》というものはない」

彼にとって、「祈《いの》り」は強い人間の証《あかし》でした。その揺《ゆ》るがない信念《しんねん》があったからこそ、どんなにつらい状況《じょうきょう》でも、〝未来は必ず明るくなる〟〝人間には限《かぎ》りない可能性《かのうせい》がある〟と、楽観《らっかん》主義を貫《つらぬ》くことができたんです。

いわんや、私たちの題目は、智慧《ちえ》の宝《たから》の蔵《くら》を自在《じざい》に開《ひら》く鍵《かぎ》です。わが心を悠々《ゆうゆう》と宇宙大に広げて、勇気の太陽を昇《のぼ》らせる響《ひび》きです。

だから、落ち込んだり、悩《なや》んだりしても、勤行・唱題を実践《じっせん》する人は、必ず生命力を蘇《よみがえ》らせていくことができる。何があっても快活《かいかつ》に、自分らしく輝《かがや》いていけるのです。

*

――「南無妙法蓮華経《なんみょうほうれんげきょう》」とは、どういう意味でしょうか。

名誉会長　一字一字に、深い意味があります。それは、御書《ごしょ》に全部、記《しる》されています。じっくりと学んでいってください。

例《たと》えば、「日本」という文字の中に、北は北海道から南は沖縄まで、全国が含《ふく》まれるね。同じように、「南無妙法蓮華経《なんみょうほうれんげきょう》」の中には、全《すべ》ての経典《きょうてん》の核心《かくしん》が含《ふく》まれている。宇宙の法則《ほうそく》、世界の哲学、人間の生命の不思議《ふしぎ》さ、あらゆるものを凝縮《ぎょうしゅく》したエッセンスが「南無妙法蓮華経」なんです。

いわば、南無妙法蓮華経《なんみょうほうれんげきょう》は――

永遠不滅《えいえんふめつ》の希望の泉《いずみ》です。

巌窟王《がんくつおう》の負けじ魂《だましい》の炎《ほのお》です。

絶対勝利の勇気の師子吼《ししく》です。

大宇宙の前進のリズムです。

そして、歓喜《かんき》の中の大歓喜です。

それを形に顕《あらわ》されたのが、御本尊《ごほんぞん》なのです。御本尊は、最高無上《むじょう》の生命の明鏡《めいきょう》です。

大聖人《だいしょうにん》は、「全《すべ》ての人々にとって、南無妙法蓮華経《なんみょうほうれんげきょう》と唱《とな》える以上の遊楽《ゆうらく》はありません」（御書一一四三ジー、趣意）と仰《おお》せです。

――確《たし》かに、どんな苦しい時も、唱題《しょうだい》すると絶対に生命力が湧《わ》いてきます。これは不思《ふし》議《ぎ》です。

名誉会長　仏法の法理《ほうり》からすれば、当然です。「自分は最高に尊《とうと》い存在だ！　何ものにも負けないいんだ！」と、何度も何度も、仏《ほとけ》の生命に呼《よ》びかけているんだから。

「自分はダメな人間だ」「私なんて小さな存在だ」とさげすむ、現代の社会の風潮《ふうちょう》には、断《だん》じて流されてはなりません。

――「唱題《しょうだい》は、どのくらいやればいいのでしょうか」という問《と》いがありました。

名誉会長　祈ることは、あくまで、あなたの「権利《けんり》」です。祈りたいと思う分《ぶん》だけ、無理なく実践《じっせん》すればいいんです。「これだけ唱題《しょうだい》しないと、だめ」なんて狭《せま》い考えは、仏法にはありません。

特に、皆《みな》さんは、今は学業が本分だから、伸《の》び伸びと考えてください。「一遍《いっぺん》の題目」にも計《はか》り知れない力《ちから》があります。

朝、時間のない時などは、心を込めて題目三唱《さんしょう》をすれば、必ず通《つう》じます。

その上で、時間を見つけて、勇《いさ》んで題目を唱《とな》えた福運《ふくうん》は、〝宇宙銀行〟に積《つ》まれていま す。いざという時、限《かぎ》りない力《ちから》となります。

＊

――「雑念《ざつねん》が湧《わ》いて真剣《しんけん》に唱題《しょうだい》できない」「テレビが気になって、長続きしない」という正直《しょうじき》な声もあります。（笑い）

名誉会長　だから、「仏道修行《ぶつどうしゅぎょう》」なんだよ。唱題《しょうだい》に挑戦《ちょうせん》し続けようという姿勢《しせい》があれば、また、心の底から叶《かな》えたいことがあれば、自然と真剣《しんけん》に唱題《しょうだい》できるようになります。ありのままでいいんだよ。

目標を明確に定《さだ》めれば、祈《いの》りに真剣《しんけん》さが増《ま》すでしょう。若いのだから、自分自身を高めていく具体的な内容を一つ一つ掲《かか》げることが大切です。

私も青春時代、病気との悪戦苦闘《あくせんくとう》が続きました。戸田先生の事業の絶体絶命《ぜったいぜつめい》の窮地《きゅうち》もありました。

その中で、ともかく、題目の力《ちから》を試《ため》してみるのだと決めて、唱題《しょうだい》を重《かさ》ね、全身全霊《ぜんしんぜんれい》で戦い切りました。そして、一切を勝ち越《こ》えて、「祈《いの》りとして叶《かな》わざるなし」「題目に勝《まさ》る力なし」との絶対の大確信《だいかくしん》をつかんだのです。

＊

――「真剣《しんけん》に唱題《しょうだい》しているのですが、なかなか祈《いの》りが叶《かな》いません」というメンバーもいます。

名誉会長　真剣《しんけん》に唱題《しょうだい》すれば、必ず、全《すべ》てが良い方向に向かっていきます。

仏法の祈《いの》りは「誓《ちか》い」です。「必ず実現してみせる」と決める祈りです。そう決意を固めるから、本気で努力できる。努力するから、祈りを実現できる自分になるのです。仏法とは、あくまでも「道理《どうり》」です。何か神秘的《しんぴてき》な力《ちから》ではない。

また、信心は「人間革命《かくめい》」するためにある。仮《かり》に、すぐ祈《いの》りが叶《かな》ってしまえば、〝努力しなくても、何とかなるんだ〟と思ってしまうかもしれない。それでは、人間性の真《しん》の向上はありません。

祈《いの》って、努力していけば、心の奥底《おうてい》にある願《ねが》いは必ず叶《かな》っていきます。題目の人は、最

後は自分の思い描《えが》いた以上の大勝利の青春、そして人生を歩《あゆ》めるのです。だから、思うようにいかない、一時の苦しみや悲しみに、負けてはならない。焦《あせ》ってもならない。

人生には、病気、経済苦《けいざいく》、人間関係の悩《なや》みなど、さまざまな試練《しれん》が襲《おそ》いかかってくる。しかし、祈《いの》り続ける人は、それを断固《だんこ》として素晴《すば》らしい勝利の劇《げき》に転《てん》ずることができます。あとで振《ふ》り返って、あの時にあの出来事《できごと》があったから、今の自分があると、必ずいえるようになる。そのための信心です。

君もどうか、未来に大きな目標を掲《かか》げ、祈《いの》り続けていってほしい。そして、その祈りのままに挑戦《ちょうせん》を貫《つらぬ》いていってほしい。私も毎日、君たちと共《とも》に祈ります。

そして、「君よ、あなたよ！　今日《きょう》も、明るく強く！　青春勝利の道を！」と、強盛《ごうじょう》な祈《いの》りを重《かさ》ねていきます。

※ガンジーの言葉は、*The Collected Works of Mahatma Gandhi*, Vol. 84, The Publications Division of The Ministry of Information and Broadcasting, Government of India および「私の宗教的実践の補助」保坂俊司訳（ガンジー著『私にとっての宗教』〈新評論〉所収）。扉も同。

11

使命の翼《つばさ》を広げよう

日本を代表する経済人

松下幸之助

成功するためには、

成功するまで続けることである

「自分がやる」と決めれば力《ちから》が出る

名誉会長　春三月は、旅立ちの月、希望の出発の月です。

私にとって、未来部の皆《みな》さんが見違《みちが》えるように成長して、新たな一歩を踏《ふ》み出していく姿《すがた》ほど、心躍《こころおど》るものはありません。

――メンバーは、この一年、「未来対話」を学び、池田先生と心で語らいながら、前進してきました。私たち担当者のほうが、未来部員から師弟の息吹《いぶき》を教わっています。

名誉会長　うれしいね！

未来部の皆《みな》さんも、担当者の皆さん方《がた》も、春夏秋冬《しゅんかしゅうとう》、いつも私と心は一緒《いっしょ》です。

勉学や読書、クラブ活動、友情、親孝行、未来部の活動など、それぞれの挑戦《ちょうせん》を重《かさ》ねてきたみんなの活躍《かつやく》は、毎日、報告をもらっています。全員が、努力の勝利者です。

晴れの卒業を迎《むか》える皆《みな》さん、おめでとう！　三年間、本当によく頑張《がんば》ったね！　とりわけ、東日本大震災《だいしんさい》から二年、あらゆる困難《こんなん》を乗り越《こ》えてきた被災地《ひさいち》の皆《みな》さんを、私は最大に讃《たた》えたい。どうか、これからも、家族や友人と支《ささ》え合い、励《はげ》まし合って、勝ち越えていってください。私は、一生涯《いっしょうがい》、皆《みな》さんの人生の幸福と栄光と勝利を祈《いの》り、見守っていきます。

＊

――女子高等部の卒業生は、晴れて女子部の「池田華陽会《かようかい》」のメンバーになります。

名誉会長　世界中に、皆《みな》さんの仲間がいます。すごい時代です。

卒業する皆《みな》さんが、どこに羽《は》ばたいていっても、私たちの心の絆《きずな》は絶対に切れません。

これからも、明るく健《すこ》やかに、自分らしく思う存分《ぞんぶん》、若き生命を伸《の》ばしてください。

三月は「弥生《やよい》」ともいいます。弥生とは、草木《くさき》が「いよいよ生《お》い出《いず》る」という意味の「いやおひ」が語源《ごげん》だと言われています。

冬を越《こ》えた若芽《わかめ》のように！

春を告《つ》げる花々のように！

これから広がる新たな舞台《ぶたい》へ、「いよいよ」の勢《いきお》いで飛び出していこうよ！

――卒業生の中には「せっかく仲良くなった友達と別れるのが、さびしい」という人もいます。

名誉会長　そうかもしれない。でも、よき友情は、一生涯《いっしょうがい》を通して育てていくものです。たとえ、進む道が違《ちが》っても、いくらでも励《はげ》まし合える。お互《たが》いに若いのだから、共《とも》に未来を見つめて、カラッと明るく進んでいくんです。今まで以上に、たくさんの新しい出会いも待っています。センチメンタルな気持ちに流されず、朗《ほが》らかに聡明《そうめい》に、よき縁《えん》を大切にし、心豊《こころゆた》かな青春としてください。

とりわけ、卒業は〝自分は周《まわ》りに支《ささ》えてもらっている〟と、人のありがたさを再認識《さいにんしき》する機会です。人間関係をいっそう深めるチャンスです。

ご両親や家族、学校の恩師《おんし》、友達や先輩《せんぱい》・後輩《こうはい》、さらに地域の創価家族の方々《かたがた》などに、すがすがしく感謝の言葉を伝えてほしい。

――最高学年になる在校生《ざいこうせい》からは、部活や生徒会の活動などで、「先輩《せんぱい》たちのようにできるか、心配です」との声が届《とど》いています。高等部の部長や副部長になる友からも、「皆《みな》をどう引っ張っていけばよいでしょうか」との質問が寄《よ》せられています。

名誉会長　大丈夫《だいじょうぶ》！　誰《だれ》だって、最初は不安なのが当たり前です。

それは、リーダーとして、皆《みな》のことを真剣《しんけん》に考えている証拠《しょうこ》だし、クラブや生徒会、わが部の今後に責任を感じているからでしょう。それ自体、素晴《すば》らしい指導者の心じゃないか。偉大《いだい》な人間修行《しゅぎょう》です。

ただ、君は君、あなたはあなたです。先輩《せんぱい》と同じようにはできないし、そうする必要もない。よき伝統《でんとう》は引き継《つ》ぎつつ、どこまでも自分らしく、誠実《せいじつ》にベストを尽《つ》くしていけば、必ず道は開《ひら》けます。

ましてや、妙法《みょうほう》を持《たも》っている皆《みな》さんです。朗々《ろうろう》と題目を唱《とな》えて、苦労も喜《よろこ》びに変えながら、信頼《しんらい》される先輩《せんぱい》、力《ちから》あるリーダーに成長できないわけがない。

＊

――「自分から大きな役割を担《にな》うのは気が引けるし、自由を奪《うば》われる気がする」「責任を負《お》うのは重い」という人もいるようです。

名誉会長　確《たし》かに、「責任」と言われると、重く感じてしまうかもしれない。

でも実《じつ》は、「責任」を担《にな》った時こそ、自分自身のカラを破《やぶ》る最高のチャンスなんだ。

皆《みな》さんは、実業家の松下幸之助《こうのすけ》さんを知っているかな。「松下電器《でんき》産業株式会社（現在のパナソニック）」の創業者で、「経営の神様」と呼《よ》ばれました。私も何度もお会いしました。会えば四時間、五時間と、人生の万般《ばんぱん》にわたって語り尽《つ》くしたことが懐《なつ》かしい。共《とも》に対談集も発刊しました。

松下さんは、人を育てる名人でした。

こんなエピソードがあります。昭和の初め、電気アイロンは便利なものでしたが、庶民《しょみん》には手の届《とど》かない高級品でした。そこで松下さんは、一人の若い技術者を呼《よ》んで、こう言われました。

「できるだけ安いアイロンをつくり、その恩恵《おんけい》に誰《だれ》もが浴《よく》せるようにしたい」

若い技術者は、賛成《さんせい》した上で、「しかし、誰《だれ》がそれを担当するのでしょうか」と尋《たず》ねます。

「君だよ。君ひとつ、このアイロンの開発を、ぜひ担当してくれたまえ」

若い技術者は、アイロンをつくるのに必要な電熱《でんねつ》関係の知識や経験がありませんでした。そこで、「私一人では、とても無理です」と断《ことわ》ってしまった。

すると間髪《かんはつ》を容《い》れず、松下さんは、こう言い切ったのです。

「いや、できるよ。君だったら必ずできる」

この松下さんの期待《きたい》に応《こた》え、青年は懸命《けんめい》に創意工夫《そういくふう》を重《かさ》ねていった。そして、これまでの性能を落とさず、価格を下げたアイロンを完成させたのです。「国産優良品《ゆうりょうひん》」にも指定されるほどの高品質の製品です。

――若き技術者の力《ちから》を、松下さんは見抜《みぬ》いていたのですね。

名誉会長　その通りです。それは、技術者自身も気づいていなかった「自分の中に秘《ひ》められた力《ちから》」だったんだ。

のちに、この技術者は会社の重責《じゅうせき》を担《にな》うリーダーになりました。

そして、あの日の松下さんとのやりとりについて、「『君ならできるよ』という小さな言葉が、私の心に火をつけたのです」と回想《かいそう》されています。

松下さんは、青年を信じて使命《しめい》を託《たく》した。その信頼《しんらい》が、若き心の中の「責任感」に火をつけた。

青年は、「自分がやる。必ずやり遂《と》げてみせる」と腹を決めることだ。一念《いちねん》が定《さだ》まれば、自分自身も気づかなかった力《ちから》が、どんどん湧《わ》いてくる。

今回は、この松下さんの言葉を、皆《みな》さんに贈《おく》りたい。

「〝失敗するかもしれない〟とか〝おそらくできないだろう〟ということでなく、〝やれば必ずできる〟〝もし転《ころ》んでも、そこに転がっているものをつかんでやり直そう〟という積極性《せっきょくせい》、根性《こんじょう》をもつ」

「成功するためには、成功するまで続けることである」

松下さん自身、何度も経営の危機《きき》に陥《おちい》ったが、そのたびに立ち上がった。事業は人で決まると考え、仕事を託《たく》す中で、粘《ねば》り強く人を育てた。体が弱かったが、決してあきらめなかった。会社のため、そこで働く人や、その家族のため、さらに、日本と世界の繁栄《はんえい》のために――。
責任感とは、「自覚《じかく》」と「執念《しゅうねん》」の異名《いみょう》なのです。

＊

――松下幸之助《こうのすけ》さんは、創価大学にも、関西創価学園にも、来られました。


名誉会長　松下さんは、教育にも力《ちから》を入れておられました。私より三十歳も年長で、わが師《し》・戸田城聖《じょうせい》先生と同世代の方《かた》です。私は恩師《おんし》をお迎《むか》えする思いで、ご案内しました。関西創価学園では、歓迎《かんげい》演奏が終わると、満面《まんめん》の笑《え》みで鼓笛隊《こてきたい》に歩《あゆ》み寄《よ》り、温かな関西弁で、「よろしゅうおますなぁー。ほんまにおおきに」と何度も言われていた。学園生たちと交流した後、松下さんが、かみ締《し》めるように語られた言葉が忘《わす》れられません。

「きょうは、十歳も二十歳も若返りました。青春の若さをもう一度得《え》られるなら、自分は全財産を投げ出してもいいと思うてます。でも、それはできません。かわりに学園生の皆《みな》さんから、若さのエネルギーをいただきました」

皆《みな》さんは、何ものにも勝《まさ》る「青春の若さ」という財宝《ざいほう》をもっています。若いということは、それだけで素晴《すば》らしいのです。何も恐《おそ》れる必要はありません。

戸田先生も、心から青年を愛してくださいました。

理想へ向かうまっすぐな純粋《じゅんすい》さ、正義を貫《つらぬ》く大情熱、そして、無限《むげん》に成長しゆく未来性を絶対的に信じてくださったのです。

＊

――まもなく、戸田先生から池田先生に師弟のバトンが継承《けいしょう》された三・一六「広宣流布《こうせんるふ》記念の日」を迎《むか》えます。


名誉会長　一九五八年（昭和三十三年）の三月十六日。戸田先生のもとに六千人の青年部員が集《つど》い、広宣流布の後継《こうけい》の式典が行《おこな》われました。今年（二〇一三年）で五十五周年になります。そこには皆《みな》さんと同じ、未来部の世代の同志も集ってくれました。

この師弟の厳粛《げんしゅく》な式典は、〝広宣流布《こうせんるふ》の主体者は青年である〟という大宣言でもあったのです。ずっと側《そば》にお仕《つか》えしていた私には、師《し》の心が痛いほど分かりました。

この戸田先生の心を受け継《つ》いで、自身の使命に目覚《めざ》めた青年たちが、「人間革命」の大《だい》潮流《ちょうりゅう》を起こしていったのです。

戸田先生のために、先生が願《ねが》われた広宣流布《こうせんるふ》のために、私たちは、どんな迫害《はくがい》にも負けず、どんな困難《こんなん》も勝ち越《こ》えてきました。これが、我《われ》らの人生の誉《ほま》れです。

御書には、「二陣三陣《にじんさんじん》つづきて」（九一一ジ゙ー）と仰《おお》せです。これからの本格的な世界広宣流布《こうせんるふ》を担《にな》い立つのは、君たち、あなたたちです。

私は、今この時に、師弟の魂《たましい》のバトンを、未来部の皆《みな》さんに厳然《げんぜん》と託《たく》していきます。

＊

――池田先生は、かつて未来部に、「未来に羽《は》ばたく使命《しめい》を自覚《じかく》した時、才能《さいのう》の芽《め》は、急速に伸《の》びる」との言葉を贈《おく》ってくださいました。

名誉会長　使命《しめい》とは「命《いのち》を使う」と書く。生きている限《かぎ》り、わが命を何に使うか。追い続け、求《もと》め続け、決め続けていくのです。

それは、遠くにあるのではない。目の前の課題に全力で挑戦《ちょうせん》していけば、いつか、自分にしかない使命《しめい》が、必ず見つかる。必ず、「自分の使命は、これだ！」と分かる。だから、焦《あせ》ることはありません。

皆《みな》さんの生命には、もともと限《かぎ》りない前進の力《ちから》、幸福の力、勝利の力が備《そな》わっています。だから、自身の課題に思い切って挑戦《ちょうせん》し、学び、鍛《きた》えてほしい。若い力《ちから》を出し切ってほしい。

誰《だれ》が何と言おうと、私は君を、あなたを信じています。信じ抜《ぬ》いています。心配や不安に押しつぶされそうになったら、ありのままの自分で御本尊《ごほんぞん》に祈《いの》ろう。

もし君自身が、「もう、だめかもしれない」とあきらめそうになっても、私は絶対にあきらめません。私自身が、あきらめないで、戦い抜《ぬ》いてきたからです。今も戦い続けているからです。

ゆえに、たとえ、君が、あなたが、どんな状況《じょうきょう》であっても、私はこう呼《よ》びかけるのです。

「君なら、あなたなら、必ずできる！」

※松下幸之助氏の言葉は、『松下幸之助　成功の金言３６５』（ＰＨＰ研究所。扉も同）。アイロンのエピソードは、『松下幸之助　ビジネス・ルール名言集』（ＰＨＰ研究所）を参照。

12

「チャレンジ」そして「チェンジ」

アメリカ公民権運動《こうみんけん》の母

ローザ・パークス

変化を起《お》こすには、
まず最初の一歩を
踏《ふ》み出すことを恐《おそ》れてはいけない
◇◇◇
失敗はただ一つ、やってみないこと

目標は具体的に！　努力は朗《ほが》らかに！

名誉会長　新入生の皆《みな》さん、晴れの入学、おめでとう！　みんな、待っていたよ！

ご家族の方々《かたがた》が、皆《みな》さんの成長を祈《いの》っています。地域の創価家族の皆様《みなさま》も、全力で応援《おうえん》してくれます。私も毎日毎日、真剣《しんけん》に、題目を送っています。挑戦《ちょうせん》そして勝利の青春を、共《とも》に歩《あゆ》みだそう！

――新しく中学一年生になるメンバーのほとんどは、この四月号（二〇一三年）で、初めて「未来ジャーナル」を手に取ることになります。

名誉会長　ありがとう！　私はいつも、君に、あなたに、一対一で語りかける思いで、この「未来対話」に臨《のぞ》んでいます。

毎月、全国から寄《よ》せられる声をうかがうのを楽しみにしています。悩《なや》みや疑問《ぎもん》に真正面《ましょうめん》から向き合うみんなの姿《すがた》を思い浮《う》かべて、一緒《いっしょ》に考え、一緒に乗り越《こ》えていきたいと決心しています。

難《むずか》しいところがあれば、読み飛ばしてもらってかまわない。何か一つでも、みんなの心に残れば、それでいいんだ。

*

——入学や進級に際《さい》しては、新しい人間関係への不安があります。「どうやったら友達ができますか」との質問や、「クラスで浮《う》いてしまわないか、心配です」などの声が届《とど》いています。

名誉会長　みんな同じ思いなんだから、あまり堅苦《かたくる》しく考えなくてもいいんだよ。

もう四十年近く前、国交《こっこう》が回復してまもなく、私が最初に中国を訪問する時のことです（一九七四年五月）。一緒《いっしょ》に行く青年たちは、事前に中国関係の本を山のように積《つ》んで、知識を詰《つ》め込むことにとらわれていました。

当時は、中国のことを、全然、知らなかったから、みんな緊張《きんちょう》して、身構《みがま》えていたんだね。青年の勉強する心はうれしかったけれども、私は、あえて言いました。「先入観《せんにゅうかん》を持たず、ありのままに中国を見て、友情を結《むす》ぼう！　同じ人間として、青年として、心を開《ひら》いて、語り合い、学び合い、信頼《しんらい》を築《きず》いていこうよ！」と。

その通り、新しい友好が、たくさん誕生《たんじょう》する旅になりました。

皆《みな》さんの新学年の学校生活でも、「この人は、ちょっと気難《きむずか》しいかな」などと決めつけないで、気さくに「おはよう」「ありがとう」と、周《まわ》りにあいさつをしていくことから始めたら、どうかな。驚《おどろ》くほど、お互《たが》いの心が通《つう》じていくよ。

――「新しい環境《かんきょう》への期待《きたい》よりも、不安が大きい」という声もあります。「この不安な気持ちを早く消したい」という中等部員もいました。

名誉会長　確《たし》かに、大きく環境《かんきょう》が変われば、誰《だれ》だって不安になります。無理矢理《むりやり》、不安を消そうとしなくてもいいんです。

そういう時、大事なことは、まず一歩、前進することです。受け身にならず、自分から何かを始めることです。一歩踏《ふ》みだせば、不安はどんどん小さくなります。新しい環境《かんきょう》は、新しい自分になるチャンスなんです。思い切って、新しい挑戦《ちょうせん》をスタートできるチャンスです。

新しい春の出発をする皆《みな》さんに、私と妻の懐《なつ》かしき友人でもあるローザ・パークスさんの言葉を贈《おく》ります。

「変化を起こすには、まず最初の一歩を踏《ふ》み出すことを恐《おそ》れてはいけない」

「失敗はただ一つ、やってみないこと」

＊

――人種差別《じんしゅさべつ》と戦ったアメリカの「公民権《こうみんけん》運動の母」ですね。

一九五〇年代の半《なか》ば、黒人はバスに乗った時も、白人の乗客に席を譲《ゆず》ることを強要《きょうよう》されていました。ところがパークスさんは、それをきっぱりと拒否《きょひ》し、逮捕《たいほ》されたのです。

この勇気が、「バス・ボイコット運動」へとつながり、歴史を大きく変えました。世界中の教科書でも紹介されています。

そのパークスさんが、池田先生との出会いこそ「私の人生に一番大きい影響《えいきょう》を及《およ》ぼす出来事《できごと》」と、感動を語っておられました。

名誉会長　偉大《いだい》な女性でした。平和の信念《しんねん》の闘士《とうし》であり、世界中の子どもを愛される母でした。パークスさんとの初めての出会いの際《さい》、公民権《こうみんけん》運動の中で歌われた「ウィ・シャル・オーバーカム（私たちは必ず勝利する）」を、皆《みな》で大合唱したことも、黄金《おうごん》の思い出です。

パークスさんは幼《おさな》いころ、病気がちで学校に行けず、悲しい思いをした時期がありました。でも、彼女は負けなかった。家にいても、母や祖母から勉強を教わったのです。おかげで、勉強も読書も大好きになりました。

しかし、高校生の時、祖母が病気になり、パークスさんは看病《かんびょう》をするために高校を中退したのです。その後、もう一度、高校に復学《ふくがく》しようとすると、今度は母親が倒《たお》れました。勉強したくても、思うようにできない——そんな青春時代でした。

それでも、パークスさんは挑戦《ちょうせん》をやめませんでした。若くして結婚した後、高校を卒業するチャレンジを開始します。努力は実《み》を結《むす》び、彼女はついに、卒業証書を手にすることができたのです。

どんな状況でも、自《みずか》らの決意を貫《つらぬ》いていく。まず、思い切って、チャレンジする――これが、パークスさんの偉大さです。

――周《まわ》りはどうあれ、自分らしく挑戦《ちょうせん》していくことが、大切なのですね。

名誉会長　その通りです。

日蓮大聖人《にちれんだいしょうにん》は、「夏・秋・冬・春と四季の変わり目には、必ずふだんと異《こと》なることがある。私たちが仏《ほとけ》になる時もまた同じである」（御書一〇九一ジペー、趣意）と仰《おお》せです。

冬から春に移りゆく時には、「春一番」という強風が吹《ふ》く。その日だけ見れば、「風が強くて、嫌《いや》だな」と思うかもしれない。でも、その風は、春の到来《とうらい》を告《つ》げる希望の便《たよ》りなんです。

人間もまた、同じです。不安や苦しみ、悩《なや》みが出てくるからこそ、成長できる。「大変」だからこそ、大きく変われるんです。

〝不安の風〟にひるまないで、一歩一歩、前へ前へ、進むんです。焦《あせ》らなくていい。人と比《くら》べる必要もない。自分にしか歩けない道を、自分らしく、悠々《ゆうゆう》と行くことです。

＊

――「新年度になったので、新しいことに挑戦《ちょうせん》したいという気持ちはありますが、何をやればいいのか分かりません」という質問も寄《よ》せられています。

名誉会長 正直《しょうじき》でいいね（笑い）。頑張《がんば》りたいと思っていること自体、素晴《すば》らしいじゃないか。

「新しい挑戦《ちょうせん》」「新しい自分になる」といっても、何か特別なことをやる必要はないんです。浮《う》き足立《あしだ》って、自分を見失《みうしな》ってしまったら、もったいない。

大いなる飛躍《ひやく》のためには、基本がしっかりしていることが重要です。着実な努力が根本《こんぽん》です。そして、やれることから一つずつ挑戦《ちょうせん》していく勇気と粘《ねば》りが大切です。

今、創価学会の「広宣流布大誓堂《こうせんるふだいせいどう》」が建設の真《ま》っ最中《さいちゅう》です。二〇一一年に工事が始まり、今年（二〇一三年）の秋には立派《りっぱ》な建物が完成します（二〇一三年十一月に落慶《らっけい》）。実《じつ》は、その建物を支える基礎《きそ》の工事、つまり土台造《づく》りに、徹底的《てっていてき》に時間を費《つい》やしたのです。

あの雄大《ゆうだい》な富士山も、広い裾野《すその》があるからこそ、悠然《ゆうぜん》としている。美しい桜も、地中で大きく根っこを張っているからこそ咲《さ》き誇《ほこ》れる。

人間だってそうです。立派《りっぱ》な人は皆《みな》、人としての土台がしっかりしている。

だから、みんなは、聡明《そうめい》な「基本第一のプリンス（王子）」「生活勝利のプリンセス（王女）」になっていただきたい。

例《たと》えば、あいさつをしっかりする。朝ご飯《はん》をちゃんと食べる。忘《わす》れ物をしない。遅刻《ちこく》しない――。

「なんだ、そんなことか」と思うかもしれない。しかし、「正しいことを繰《く》り返しできる人」こそ、人生に勝利していける。人格も輝《かがや》いている。

野球の大バッターといわれる名選手も、基本の素振《すぶ》りをたゆみなく繰《く》り返している。

勤行《ごんぎょう》・唱題《しょうだい》にも挑戦《ちょうせん》してほしい。祈《いの》りは「心の栄養《えいよう》」であり、「生命の鍛《きた》え」です。自分の生命と宇宙のリズムを合致《がっち》させていく、最《もっと》も崇高《すうこう》な時間なのです。


――「変わりたいとは思うけど、どう変わればいいでしょうか」という声もありました。

名誉会長　まずは、何か目標を立ててみよう。その際《さい》の大切な点は、「より具体的に」

ということです。それを自分の見えるところに張り出しておくのもいい。

「読書を頑張《がんば》るぞ」と思っても、時がたてば、いつの間にか決意が薄《うす》れ、本を開《ひら》くのも面倒《めんどう》になり、本を持っていたことすら忘《わす》れてしまう(笑い)。でも、「今月は、必ず、この本を読むぞ」と決めると、「一日あたり、どのくらい読めば読了《どくりょう》できるか」が分かる。「じゃあ、十分だけ早く登校して、その時間に読めば、達成《たっせい》できる」など、目標達成への道筋《みちすじ》が見えてくる。

その目標が一日できれば、一日分の「人間革命《かくめい》」の物語が生まれる。それが、「自分は少しずつ成長している」という実感になる。「やればできるんだ」という自信にもつながるし、さらに先への挑戦の意欲《いよく》にもつながる。

「竹の節《ふし》を一つ割《わ》れば、他の節もそれにしたがって割れるようなものである」(御書一〇四六ジベー、通解)と御書《ごしょ》にも仰《おお》せです。一点突破《とっぱ》から、破竹《はちく》の勢《いきお》いが生まれる。

また、目標は、あくまでも自分自身で決めよう。自分らしい努力でいい。誰《だれ》かを見て、「私は大《たい》して頑張《がんば》っていないんじゃないか」と悩《なや》む必要はない。「これだけやれれば、自分の勝利だ!」と言える目標でよいのです。

創価学会の初代会長で、大教育者であられた牧口常三郎《つねさぶろう》先生は、「あいまいな的《まと》に向かって放《はな》たれた矢が当たるわけはない」とおっしゃっている。祈《いの》りも、挑戦《ちょうせん》も、具体性が重要なのです。

＊

――「第一志望でない学校に入学することになり、少しゆううつだ」という声もありました。

名誉会長　確《たし》かに、不本意《ふほんい》かもしれない。悔《くや》しい思いをしたことでしょう。でも、長い人生から見れば、その悔しさが大きな成長と大きな勝利につながります。

挑戦《ちょうせん》したけれども、不本意《ふほんい》な結果で終わった。それでも、挑戦したという事実は、厳然《げんぜん》と残っている。へこたれず、再《ふたた》び、新たな不屈《ふくつ》の挑戦を開始する人が、黄金《おうごん》の青春を勝ち飾《かざ》るのです。

挑戦《ちょうせん》の人を育てたいと思ったからこそ、私は創価学園や創価大学をつくりました。そして、挑戦の心で受験してくれた人は、全員が学園生・創大生です。わが息子、わが娘と思っています。創立者として、私は心からの拍手を送りたい。また、ずっと見守り、題目を送り続けていきます。

だから、自分は「この学校に行ってよかった」と言える学校生活を送ってもらいたいんです。皆《みな》さんなら、必ずそうできます。最高の笑顔で、胸を張って卒業できる、充実《じゅうじつ》の日々を送れます。

「春」は英語で「spring（スプリング）」です。これは、「跳躍《ちょうやく》」「バネ」「源泉《げんせん》」「青春」「湧《わ》き出る」「はじける」などの意味もあります。

勢《いきお》いよく、明るく楽しく、勇気と希望を胸中《きょうちゅう》の泉《いずみ》から湧《わ》き出《いだ》して、思い切りはじけるように出発する――それが「春」です。

春だ！　さあ行こう！

新たな自分を発見する冒険《ぼうけん》へ！

君よ、あなたよ、朗《ほが》らかな挑戦《ちょうせん》と努力の博士たれ！

※ローザ・パークスさんの言葉は、『ローザ・パークスの青春対話』高橋朋子訳（潮出版社。扉も同）。『ローザ・パークス自伝』高橋朋子訳（潮出版社）を参照。

13

君よ輝《かがや》け！　世界を照《て》らせ

フランスの大文豪《だいぶんごう》
ロマン・ロラン

たった一人の善人《ぜんにん》の善は
人類を照《て》らすのです。
ですから、人類が善《よ》くなるか悪くなるかは、
私たちひとりひとりにかかっている

「創価《SOKA》」は幸福者の合言葉《あいことば》

――新緑が輝《かがや》く季節になりました。五月三日の「創価学会の日」、おめでとうございます。

名誉会長　おめでとう！

栄光の「五・三」を全国、全世界の未来部の皆《みな》さんと共《とも》に迎《むか》えることができて、本当にうれしい。

五月の青葉のように、未来部の皆《みな》さんが、きらきらと光り、生き生きと成長してくれていることが、私の何よりの喜《よろこ》びです。

＊

――五月三日は、学会の永遠《えいえん》の原点です。一九五一年（昭和二十六年）のこの日、戸田城《じょう》聖《せい》先生が創価学会の第二代会長に就任《しゅうにん》され、「七十五万世帯《せたい》の達成《たっせい》」を叫《さけ》ばれました。

名誉会長　その通りです。当時、学会員は三千人ほどしかいなかったんだよ。「七十五万」という数字を聞いても、誰《だれ》もが〝夢物語〟だと思っていました。

しかし私は、戸田先生の誓《ちか》いを、わが誓いとして走り抜《ぬ》きました。あの地この地で、悩《なや》み苦しむ友を励《はげ》まし、一人また一人、一緒《いっしょ》に立ち上がっていきました。その一波《いっぱ》が万波《ばんぱ》となって、恩師《おんし》の願業《がんぎょう》であった七十五万世帯を達成したのです。

――一九六〇年（昭和三十五年）の五月三日、池田先生は、戸田先生の後を継《つ》ぎ、第三代会長に就任《しゅうにん》されました。それから半世紀以上、広宣流布《こうせんるふ》という人類の平和と幸福の実現を目指《めざ》し、世界各地を駆《か》け巡《めぐ》ってこられました。

名誉会長　今、創価の連帯《れんたい》は世界中に広がり、二十四時間三百六十五日、たえまなく地球に題目の声が響《ひび》いています。戸田先生は、どれほど喜んでくださることでしょう。

この五月三日は「創価学会母の日」でもあります。一番苦労して広布《こうふ》に尽《つ》くしてくださる婦人部の皆《みな》さんに感謝の心を込めて、学会の大事な日を、「創価のお母さん」を讃《たた》える日にしたのです。

ぜひ、未来部の皆《みな》さんも、お母さんに、日頃《ひごろ》の感謝を伝える日にしてください。

私と妻が親《した》しく語り合った友人に、アフリカの〝環境《かんきょう》の母〟ワンガリ・マータイ博士（ノーベル平和賞を受賞）がいます。博士も生涯《しょうがい》、お母さんへの感謝を忘《わす》れない人でした。「モッタイナイ」という言葉に象徴《しょうちょう》される、生命と環境を慈《いつく》しむ「母の心」を世界に広めたことで有名だね。

博士は生前、五月三日を祝《しゅく》して、ビデオメッセージを送ってくださいました。その中で、太陽のようなスマイルを浮《う》かべながら、語ってくださった姿《すがた》が忘《わす》れられません。

「私が世界中を訪問する中で、確信《かくしん》を込めて言えることは、旅先で幸福な創価学会メンバーにお会いしなかった場所は一つもなかったということです」

「お会いした学会の皆様《みなさま》は、本当に幸せそうでした。あまりに幸せそうなので、私は『幸福』といえば創価学会メンバーを思い描《えが》くようになりました」

世界のどこに行っても、私たちの同志の笑顔が輝《かがや》いているんです。すごい時代になりました。

＊

――「なぜ、創価学会は、ここまで世界中に広がったのですか」と、高等部の部長から質問が寄《よ》せられました。

名誉会長　鋭《するど》い質問だね。

それは、「一人ひとりを徹《てっ》して励《はげ》まし、大切にしたから」です。

悩《なや》む友がいれば、一目散《いちもくさん》に飛んでいって励《はげ》ましを送る。共《とも》に祈《いの》り、共に前を向き、共に立ち上がる。そうして蘇生《そせい》した友が、今度は、勇《いさ》んで友を励ましていく――。

世界百九十二カ国・地域といっても、その実像《じつぞう》は、一人から一人への〝励《はげ》ましの連鎖《れんさ》〟であり、〝人間革命《かくめい》の連続ドラマ〟で成り立っています。

これを「広宣流布《こうせんるふ》」と言うのです。

創価学会ほど、「一人」を大事にしている団体はありません。

その中心になって頑張《がんば》ってくださっている、仏《ほとけ》にも等《ひと》しい宝《たから》の存在が、皆《みな》さんのお母さん、そして地域の婦人部の先輩方《せんぱいがた》なのです。

――「学会の素晴《すば》らしさを友達に語りたいのですが、どう説明すればいいですか」という質問もありました。

名誉会長　偉《えら》い。友達に教えてあげたいという心が、本当に尊《とうと》い。

仏法や学会の素晴《すば》らしさを伝えるのに、「こう語るべき」という形式的なものはありません。日頃《ひごろ》、座談会《ざだんかい》や部員会に参加したり、唱題《しょうだい》したりする中で感じていることを、率直《そっちょく》に、ありのままに話していけばいいんです。

「いい人がたくさんいる」

「みんな元気で明るい」

「祈《いの》ると勇気が湧《わ》いてくる」

「哲学が深い」――何でもいい。難《むずか》しく考えなくて大丈夫《だいじょうぶ》だよ。

そして未来部のみんなにとって、一番、良い〝説明〟があります。それは、「君自身、あなた自身が輝《かがや》いていくこと」です。

今は「勉学第一」「友情第一」で前進することが何より大切です。無理に語ろうとしな

くても、君の頑張《がんば》る姿《すがた》が、学会の偉大《いだい》さの実証《じっしょう》になる。友を思いやるあなたの優《やさ》しい心が、学会の思想の表現になる。みんなの輝《かがや》く笑顔、負けじ魂《だましい》で挑戦《ちょうせん》する勇姿《ゆうし》、友を励《はげ》ます声が、周囲《しゅうい》を太陽のように照《て》らしていくのです。

そこで、フランスの大文豪《だいぶんごう》ロマン・ロランの次の言葉を贈《おく》ります。

「たった一人の善人《ぜんにん》の善は人類を照《て》らすのです。ですから、人類が善《よ》くなるか悪くなるかは、私たちひとりひとりにかかっている」

この通り、善《ぜん》の光で人類を照《て》らしているのが、創価学会です。

――ロマン・ロランの不朽《ふきゅう》の名作『ジャン・クリストフ』や伝記《でんき》『ベートーヴェンの生涯《しょうがい》』は、未来部の読書感想文コンクールでも、よく読まれる名著《めいちょ》です。

名誉会長　ロマン・ロラン（一八六六年〜一九四四年）は、私たちの初代会長である牧口常三郎《つねさぶろう》先生と同時代を生きた人物です。

彼の少年時代、祖国フランスはドイツとの戦争の敗戦などで、暗く息の詰《つ》まるような社会でした。その中で、ロラン少年は読書に希望を見出《みいだ》し、大いに学び、力《ちから》をつけている。人類愛の思想を訴《うった》えて戦争に反対し、迫害《はくがい》を恐《おそ》れずに平和を叫《さけ》び抜《ぬ》いた〝戦う文豪《ぶんごう》〟です。
私も、若き日にロランの作品をよく読んだ。私が青春時代を過《す》ごした終戦後の日本も、光が見えず混沌《こんとん》としていました。その中で、彼の魂《たましい》の傑作《けっさく》は輝《かがや》きを放《はな》ち、平和と自由の夜明けを告《つ》げたのです。

＊

――『ジャン・クリストフ』については、かつて池田先生が創価大学で、「ああ、友といっしょにいさえすれば、苦悶《くもん》までが喜《よろこ》びである！」などの言葉を通して、「友情こそ生《しょう》涯《がい》の宝《たから》である」と語ってくださいました。

名誉会長　この世で最《もっと》も尊《とうと》く、信じられるものは、友情です。私もこの一点で、世界に対話《たいわ》の橋を架《か》け、友情を広げてきました。
ロマン・ロランは、若き日にトルストイの作品に感銘《かんめい》し、このロシアの大文豪《だいぶんごう》と文通を重《かさ》ねました。

さらに、非暴力《ひぼうりょく》の英雄《えいゆう》マハトマ・ガンジーや魂《たましい》の大詩人タゴール、平和の信念《しんねん》の大科学者アインシュタイン博士、アフリカで医療《いりょう》に尽《つ》くしたシュヴァイツァー博士といった、偉大《いだい》な指導者や知性《ちせい》と交流しました。世界を友情で結《むす》び、偏見《へんけん》や憎悪《ぞうお》を乗り越《こ》えて〝善《ぜん》の連《れん》帯《たい》〟を広げることを願《ねが》いました。

このロランの夢を、私たち「創価」の平和と文化と教育の連帯《れんたい》は、実現しているのです。


——すごいことですね。

ちょうど、未来部員から「『創価学会って何をしているの?』と友達に聞かれたけれど、うまく答えられなかった」という声が届《とど》いていました。

名誉会長　友達から、そう聞かれるのは、信頼《しんらい》されている証拠《しょうこ》だよ。学会は世界規模《きぼ》だし、幅広《はばひろ》い活動をしているから、一言《ひとこと》で表現するのは難《むずか》しいかもしれない。
人々の幸福を願《ねが》って仏法を実践《じっせん》する団体——それが創価学会です。あえて一言で言うなら、世界を元気にしているのです。

仏法は人の振《ふ》る舞《ま》いに表《あらわ》れ、人と人の間に脈動《みゃくどう》します。その真髄《しんずい》が「励《はげ》まし」です。東日本大震災《だいしんさい》で、自身も被災《ひさい》しながら、友のために動く学会員の姿《すがた》に、皆《みな》が涙《なみだ》しました。ここにこそ学会魂《がっかいだましい》は燦然《さんぜん》と輝《かがや》いています。

悩《なや》む人、苦しむ人に寄《よ》り添《そ》い、「大丈夫《だいじょうぶ》！　あなたならできる」と励《はげ》ましを送って、共《とも》に幸福の道を歩《あゆ》んでいく。その振《ふ》る舞《ま》いに真《しん》の人間性が光り、最高の正義の道があります。

みんなのご家族や、地域の先輩方《せんぱいがた》の姿《すがた》を見れば、納得《なっとく》できるでしょう。

＊

――中には、「学会の悪口を言われて悔《くや》しい思いをした」というメンバーもいます。

名誉会長　正義だからこそ、悪口を言われるんです。

日蓮大聖人《にちれんだいしょうにん》は、「愚人《ぐにん》にほめられたるは第一のはぢなり」（御書二三七㌻）と仰《おお》せになられた。牧口先生は「愚人《ぐにん》に憎《にく》まれたるは第一の光栄《こうえい》なり」と言われた。

これは、関西創価学園で話したことがありますが、ロマン・ロランも高校時代、〝いじめ〟にあっていた友人を守り抜《ぬ》きました。

それゆえ悪口も浴《あ》びせられた。しかし、卑劣《ひれつ》な人間たちなど逆《ぎゃく》に軽蔑《けいべつ》しながら、正々《せいせい》堂々《どうどう》と前進していった。「まっしぐらにぼくたちの道を行こうではないか」と。ロランと、この友人は、切磋琢磨《せっさたくま》して、共《とも》に歴史に名を残す文学者となっています。

草創期《そうそうき》、学会は「貧乏人《びんぼうにん》と病人の集まり」とバカにされた。「病気が治《なお》ってから来い」「お前が貧乏《びんぼう》でなくなったら信心してやる」などと、心ない言葉を浴《あ》びせられた。でも、何と言われようが、前進をやめなかった。

勇敢《ゆうかん》に信心を貫《つらぬ》く中で、病気を治《なお》し、生活を好転《こうてん》させ、幸福を勝ち取っていった。自分だけではない。友の幸せを祈《いの》り、地域に、社会に尽《つ》くし、勝利の境涯《きょうがい》を開《ひら》いていった。この「人間革命の歴史」が、学会の誉《ほま》れです。

学会員ほど偉大《いだい》な人はいない。私は、こう断言《だんげん》できます。

今や、多くの世界の識者《しきしゃ》も、社会に貢献《こうけん》する立派《りっぱ》な青年を育てる学会に、最大に賞讃《しょうさん》の声を寄《よ》せてくれています。

世界の知性と良識《りょうしき》が、創価学会の味方なんです。

＊

――「部活や友達との約束と、会合の日程が重《かさ》なってしまった時、どちらを優先《ゆうせん》すべきですか」という問《と》いがありました。

名誉会長　全部、自由です。

その時の自分にとって、どちらが価値的《かちてき》かを自分自身で決めていくのも、大事な訓練です。ご両親や担当者の方々《かたがた》に相談するのも良いでしょう。

学会の会合は、参加すれば必ず得《え》るものがある。

たとえ、その時は分からなくても、命《いのち》の中に何かが残る。何年も後になってから、あの時、参加していて本当に良かったと思うものです。

その上で、友達との大切な約束や、部活の練習・試合を優先《ゆうせん》することだって、あるでしょう。

信心は一生涯《いっしょうがい》ですから、窮屈《きゅうくつ》に考える必要はありません。

ともあれ、未来の主人公は君たちです。次の学会を創《つく》るのは、まぎれもなく未来部のみんなです。

五月三日が学会の永遠《えいえん》の原点の日ならば、五月五日の「創価学会後継者《こうけいしゃ》の日」は永遠の希望の日です。

私は、祈《いの》り信じています。君の勝利を！　あなたの幸福を！

※ロマン・ロランの言葉は、「戦時の日記　4」山口三夫訳（『ロマン・ロラン全集　29』〈みすず書房〉所収。扉も同）、『ジャン・クリストフ』豊島与志雄訳（岩波文庫）、「ユルム街の僧院」蛯原徳夫・波多野茂弥訳（『ロマン・ロラン全集　32』〈みすず書房〉所収）。

14

いつも本とともに

ロシアの文豪《ぶんごう》
チェーホフ

書物の新しいページを
一ページ、一ページ読むごとに、
わたしはより豊《ゆた》かに、よりつよく、
より高くなっていく！

読書で新たな自分を発見！

──六月は衣替《ころもが》えを行《おこな》う学校も多く、未来部のメンバーは新たな気持ちで前進しています。

名誉会長　梅雨《つゆ》の時期だし、みんな体調に気をつけてね。

衣替《ころもが》えの季節は、古来《こらい》、着る服を見直すとともに、生活全般《ぜんぱん》を見直してきました。その意味で〝心替《こころが》え〟の意義《いぎ》があるといいます。

日蓮大聖人《にちれんだいしょうにん》は、「月月《つきづき》・日日《ひび》につより（強）給《たま》へ」（御書一一九〇ﾍﾟｰｼﾞ）と仰《おお》せです。

私たちの信心は、水が流れるように、春夏秋冬《しゅんかしゅうとう》たゆまずに、いよいよ強く、前へ前へと進んでいく心です。

──雨ふりが多くて、蒸《む》し暑い、少しうっとうしい季節でもあります（笑い）。

名誉会長　そうだね。でも、大地から伸《の》びゆく草木にとっては、恵《めぐ》みの雨にもなります。雨に洗われたアジサイやザクロなどの花も美しいし、雨の晴れ間に吹《ふ》くそよ風も、すがすがしい。心ひとつで、楽しく賢《かしこ》くリフレッシュできます。

――アジサイは、開花していく中で多彩《たさい》に色が変わることから、「七変化《しちへんげ》」とも呼ばれます。

名誉会長　私も折々《おりおり》に写真に収《おさ》めてきました。

アジサイの七変化は、土壌《どじょう》から吸収《きゅうしゅう》する成分の違《ちが》いなどによって起こるようだ。

さまざまな滋養《じよう》を吸収《きゅうしゅう》して、みずみずしく成長して、見る人を驚《おどろ》かせ喜《よろこ》ばせる――未来部の皆《みな》さんの生命とも、響《ひび》き合《あ》う花です。

みんなは、〝心の栄養《えいよう》〟を存分《ぞんぶん》に吸収《きゅうしゅう》しながら、自分らしい〝使命《しめい》の花〟を咲《さ》かせ、多くの友にも笑顔の花を咲かせていける人になってもらいたいね。

――青春時代の〝心の栄養《えいよう》〟は、やはり読書で得《え》られるものが多いと思います。メンバーから寄《よ》せられる質問にも、読書に関するものが多数あります。

＊

名誉会長　大事だ。読書は、青春勝利の飛躍台《ひやくだい》であり、人生の全《すべ》ての土台です。知識を蓄《たくわ》え、知恵《ちえ》を湧《わ》かせる泉《いずみ》です。自分の世界を大きく広げ、心を豊《ゆた》かにし、頭脳《ずのう》を鍛《きた》える道場です。

本は〝世界旅行の切符《きっぷ》〟です。地球のどこにだって、瞬時《しゅんじ》に飛んでいける。アジア、ヨーロッパ、アフリカ、南北アメリカ、オセアニアの世界五大州《ごだいしゅう》、北極や南極、そして宇宙までも、冒険《ぼうけん》できる。

また本は、ポケットに入《はい》る不思議《ふしぎ》な〝タイムマシン〟です。群雄割拠《ぐんゆうかっきょ》の三国志《さんごくし》の時代やジャンヌ・ダルクの活躍《かつやく》の舞台《ぶたい》へも行ける。未来社会を生きることもできる。

さらに本は〝偉人《いじん》との対話の広場〟です。ゲーテやトルストイと友人になれる。ナイチンゲールやキュリー夫人があなたの味方になる。ガンジーやキング博士が君の背中を押してくれる。

時間や空間を超越《ちょうえつ》し、未知《みち》の次元の世界を知ることができる。旅行の荷造《にづく》りはいらないし（笑い）、お金がなくても大丈夫《だいじょうぶ》。（爆笑）

いつでも、どこでも、本さえあれば、目の前にパッと新しい世界が広がる。こんなに便利な宝《たから》が、皆《みな》さんの手の届《とど》くところにある。

――読書が苦手《にがて》なメンバーもいます。「親から『本を読みなさい』と言われるのですが、すぐに飽《あ》きてしまいます」と……。

名誉会長　苦手に挑戦《ちょうせん》していることが偉《えら》いじゃないか。それでいいんだ。いつか必ず、楽しく読めるようになるよ。

途中《とちゅう》でやめてもいい。読もうと思ったけど、気持ちが変わって読まずに積《つ》んでおいてもかまわない。これを〝積《つ》ん読《どく》〟と言うんだよ。（笑い）

別の本が読みたくなったら、それを読めばいい。何年かたってからの方《ほう》が、すっと読める場合もある。本との出合いも、つきあい方《かた》も、人それぞれです。堅苦《かたくる》しく考える必要はないんです。

大切なのは、少しでも本に触《ふ》れる習慣《しゅうかん》をつけることです。まだ読んでいないけれど、「読みたい本」がたくさんあるというのは、読んだのと同じくらい大切です。だから、図書館や本屋さんへ行って、手に取るだけでも、新聞やインターネットの本のページを見るだけでもいい。友達と本を話題にするのもいいね。「読んでいた本、面白《おもしろ》かった？」と。

本を目にしたり、本に触《ふ》れたり、本の話を聞いたりすれば、興味《きょうみ》が湧《わ》いてくる。読みたいと思える本にも、きっと出合えます。

そして、いい本を読んだ人は、確実に向上していきます。

＊

——受験勉強を優先《ゆうせん》させねばならなかったり、部活で疲《つか》れてしまったり、いろんな事情でなかなか本が読めない場合もあります。

名誉会長　読みたい本を増《ふ》やして、一生かけて読んでいけばいい。本を読んだ分《ぶん》、何倍もの人生を生きられます。

読むことは生きることであり、生きることは読むことなのです。

今回は、私が青春時代に戸田先生と学んだ、ロシアの文豪《ぶんごう》チェーホフの言葉を贈《おく》りたい。

「書物の新しいページを一ページ、一ページ読むごとに、
わたしはより豊かに、よりつよく、より高くなっていく!」

——チェーホフは、ロシアを代表する作家で、『桜の園《その》』『かもめ』などの戯曲《ぎきょく》が有名です。青春時代は、家が破産《はさん》し、一家を支《ささ》えるために、大学に通《かよ》いながら雑誌に寄稿《きこう》を続けた苦労人でしたね。

名誉会長 その通りです。チェーホフは小さいころから、父が営《いとな》む食料雑貨店《ざっかてん》を手伝いました。休みはなく、思うように勉強できず、たびたび病気にもかかっています。父の雑貨店が破産《はさん》してからは、学びながら家庭教師として働いた。当時、十六歳です。

しかし、かけがえのない楽しみがあった。新しくできた図書館に通《かよ》い、読書にふけるこ

とです。食事を摂《と》るのも忘《わす》れるほど、胸を高鳴らせて、ユゴーやショーペンハウアーらの作品を読んでいったのです。苦難《くなん》の中で読書を重《かさ》ねたことで、心は大きく、強くなり、学力もついた。やがて、世界中を魅了《みりょう》する作品を、次々と生み出す作家になれたのです。

――池田先生も、青春時代、逆境《ぎゃっきょう》の中で読書を重ねられました。

名誉会長　私の青春は、第二次世界大戦が終わり、それまでの古い価値観《かちかん》が崩壊《ほうかい》した時代でした。

青年は皆《みな》、「正しい人生とは何か」「真《しん》の幸福とは何か」を探《さが》し求《もと》めていました。私も、その答えを求め、名著《めいちょ》をむさぼり読んだ。病弱な体で働きながら、少しずつお金をため、古本屋へ飛んでいった。欲しかった本を買えた時のうれしさは、今も忘《わす》れられません。

戸田先生の経営する会社で働き始めてからも、読書をやり抜《ぬ》いた。恩師《おんし》の事業の苦境《くきょう》を一身《いっしん》で支《ささ》えながら、日々、書物と格闘《かくとう》していった。疲《つか》れ果《は》てて帰宅しても、必ず本を開《ひら》きました。

戸田先生ご自身も大変な読書家でしたし、私の顔を見るたび、「あの本は読んだか」「この本はどうだ」等々《とうとう》と、内容や感想も鋭《するど》く尋《たず》ねられました。一つ一つが大切な訓練でした。あの日々があったからこそ、読書の真髄《しんずい》を知り、本当の力《ちから》を養《やしな》うことができたんです。

牧口先生と戸田先生は、日本の軍国《ぐんこく》主義に反対し、投獄《とうごく》されました。牢《ろう》の中の環境《かんきょう》は劣悪《れつあく》です。その牢獄《ろうごく》でも、お二人は読書をやめなかったのです。牧口先生は、ご高齢《こうれい》の身でありながら、向学《こうがく》の炎《ほのお》を燃《も》やし続け、獄死《ごくし》の直前までカントの哲学を学ばれました。戸田先生も、多くの本の差し入れを頼《たの》まれています。

どこでも学べる。みんなには、思いっきり勉強してもらいたい。読書にも、心ゆくまで励《はげ》んでもらいたいんです。

――「忙《いそが》しくて、なかなか本を読む時間がとれません」というメンバーもいます。

名誉会長　確《たし》かに、今の中高生は忙《いそが》しいね。だけど、時間があれば読書ができるとも限《かぎ》りません。むしろ、読書家の多くは、多忙《たぼう》な人が多い。私が語り合ってきた世界の指導者や識者《しきしゃ》も、皆《みな》、激務《げきむ》の合間《あいま》を縫《ぬ》って書物を読んでおられました。

忙《いそが》しいなら、「ほんのちょっと」の時間を、有効に活用していくことです。電車での移動中、朝の十分、待ち時間の五分……。

私は墓地《ぼち》に行って読んだこともある。静かでいいんだよ。（爆笑）ともかく、「本を読もう」という小さな積《つ》み重《かさ》ねが、やがて大きな財産《ざいさん》になる。一ページでも、数行でもいいんだ。

チェーホフの言う通り、そのたびに、君は強くなっている。あなたの心は豊《ゆた》かになる。カバンの中に、常《つね》に本を入れておくことも一つの方法だね。空《あ》いた時間は、パッと本を取り出す。そうすれば、時間もうまく活用できるようになります。

＊

――読書の〝質《しつ》〟に関する質問も寄《よ》せられています。「どのような本を読めばいいでしょうか」「たくさんの本を読みたいけど、読むのが遅《おそ》くて、なかなか進みません」等です。

名誉会長　読書に慣《な》れてきたら、ぜひ、世界の名著《めいちょ》に挑戦《ちょうせん》してほしい。私も戸田先生から、常《つね》に「長編《ちょうへん》を読め」「古典《こてん》を読め」と言われました。時代を超《こ》えて読み継《つ》がれている名著には、やはり、くめども尽《つ》きない哲学や知恵《ちえ》が輝《かがや》いています。必ず、みんなの人生に大きな力《ちから》を与《あた》えてくれる。

何を読めばいいか、担当者の方々《かたがた》や学校の先生に聞いてみるのもいいでしょう。たとえ、一冊でもいい。偉大《いだい》な作品を深く読んだ人は、人類の英知を自分のものにし、大いなる希望を見出《みいだ》すことができる。一生涯《いっしょうがい》の友人を得《え》たようなものです。


――今はインターネットや携帯《けいたい》などが日常的に使われ、総体《そうたい》として〝活字《かつじ》〟に触《ふ》れる機会は、むしろ増《ふ》えているといわれます。「文字や情報に触れる機会は多いから、無理して本を読まなくてもいい」という意見もあります。


名誉会長　もちろん、新しい情報に触《ふ》れることも必要でしょう。

しかし一番、大切なことは、「考える力《ちから》」を養《やしな》っていくことです。それは、「言葉にする力《ちから》」と言ってよい。情報に翻弄《ほんろう》されるのではなく、逆《ぎゃく》に情報を生かしながら、自分の気持ちや考えを、自分の言葉にして練《ね》り上げていくことです。

戸田先生は常々《つねづね》、「青年よ、心に読書と思索《しさく》の暇《いとま》をつくれ」と語っておられました。

名著《めいちょ》は人類の共通の財産《ざいさん》です。それを心に刻《きざ》んでおくことは、どんな人とも自在《じざい》に語り合える力《ちから》になります。

――以前、池田先生が、難局《なんきょく》に立ち向かうゴルバチョフ・ソ連大統領《だいとうりょう》（当時）に、チェーホフの『桜の園《その》』の一節《いっせつ》を贈《おく》って励《はげ》まされたことを思い出します。

青年主人公の言葉で――「人類は、至高《しこう》の真理《しんり》、至高の幸福をめざして進む。そして、我《われ》はその先頭に立つ！」と。

大統領《だいとうりょう》も、「胸に染《し》みる言葉です」と心から喜《よろこ》ばれていました。

名誉会長　皆《みな》さんは、一人ももれなく二十一世紀を担《にな》い立つリーダーです。本を読み、本と語らい、本と格闘《かくとう》し、本と友情を結《むす》んでいく――その努力を続けながら、思う存分《ぞんぶん》、世界に羽《は》ばたいていってください。いつも本とともに。

※チェーホフの言葉は、佐藤清郎訳編『チェーホフの言葉〈新装版〉』（彌生書房。扉も同）。アンリ・トロワイヤ著『チェーホフ伝』村上香住子訳（中央公論社）を参照。

15

「正義の走者」は進む

人間愛のペンの勇者
トルストイ

この人生における
疑《うたが》う余地《よち》のないただひとつの幸福は、
他人のために生きることである

思いやりは勇気の行動に表《あらわ》れる

――七月二十一日（二〇一三年）から「未来部躍進《やくしん》月間」がスタートします。「読書感想文コンクール」や「英語スピーチコンテスト」の応募《おうぼ》も始まり、皆《みな》、決意に燃《も》えています。

名誉会長　十代の夏は、まさに生命が「躍進《やくしん》」するチャンスです。みんなが健康で、事故なく、〝挑戦《ちょうせん》の夏〟〝充実《じゅうじつ》の夏〟〝成長の夏〟を送ってくれるように、私も祈《いの》っていきます。

――女子未来部のメンバーからこんな質問が届《とど》いていました。「学会員は、なぜ、あんなに『人のため』に頑張《がんば》れるのですか？　未来部担当の方《かた》は、仕事で疲《つか》れているにもかかわらず、私たちに会いに来て、笑顔で励《はげ》ましてくれます」と。

名誉会長　うれしい質問だね。

担当のお姉さんに感謝し、体調まで気づかってくれる心が、優《やさ》しくて美しい。

二十一世紀使命会をはじめ、未来部の成長に真剣《しんけん》に尽力《じんりょく》してくださる方々《かたがた》がいるからこそ、学会は盤石《ばんじゃく》です。担当の皆《みな》さん方《がた》が、みんなに会いに来てくれる理由、それは「真心《まごころ》」です。

悩《なや》みを聞いて、一緒《いっしょ》に祈《いの》りたい。

目標を聞いて、共《とも》に勝利したい。

毎日、元気でいてほしい。

日々、前進できるように応援《おうえん》したい……。

みんなの頑張《がんば》る姿《すがた》が、未来部担当者の喜《よろこ》びです。みんなが成長してくれれば、それだけでうれしいんだ。ホントだよ。

こうした「人のために」という真心《まごころ》を、仏法では「菩薩界《ぼさつかい》の生命」と言うんです。

＊

――復習になりますが、仏法では、私たちの中に十種類の生命が具《そな》わっていると説《と》かれます（地獄界《じごくかい》・餓鬼界《がき》・畜生界《ちくしょう》・修羅界《しゅら》・人界《にん》・天界《てん》・声聞界《しょうもん》・縁覚界《えんがく》・菩薩界《ぼさつ》・仏界《ぶっ》）。その九番目が、正しい法を求め、人のために尽《つ》くそうとする「菩薩界《ぼさつ》」という生命ですね。

現代化学の父ポーリング博士も、池田先生がアメリカのクレアモント・マッケナ大学で行《おこな》った講演「新しき統合原理《とうごう》を求めて」（一九九三年一月）に感銘《かんめい》を受《う》け、「アイ・ライク・ナンバー9《ナイン》！（私は九番目の菩薩界が大好きです！）」と言われていました。

名誉会長　そうだったね。

この「菩薩界《ぼさつかい》の生命」は、題目をあげると、ぐんぐんと湧《わ》き出してくる。ゆえに学会員は、自分が大変でも、人のために行動できる。その清《きよ》らかで力強《ちからづよ》い生命を発揮《はっき》して、周《まわ》りの人の心を励《はげ》まし、元気づけることができるのです。

日蓮大聖人《にちれんだいしょうにん》は、菩薩《ぼさつ》の心を、「自分のことは差し置いても、他人のことを大事にする」「まず、周《まわ》りの人を幸福にして、その後に自《みずか》らの幸福を願《ねが》う」（御書四三三ジペー、趣意）と教えてくださっています。

まさしく、担当者の方々の実践《じっせん》であると、私は讃《たた》えたい。これは、皆《みな》さんのお父さんやお母さんも同じです。自分の時間や体を使って、人の幸福のために、祈《いの》り、語り、行動している。時に、無理解《むりかい》な批判《ひはん》があろうとも、勇気を奮《ふる》い起こして前進する。菩薩《ぼさつ》の信念《しんねん》が、生き方そのものになっているのです。「自分さえ良ければいい」という風潮《ふうちょう》の社会にあって、これは、奇跡《きせき》とも言うべき尊《とうと》い姿《すがた》です。学会員こそ、「真心《まごころ》の勇者」なんです。

私が青春時代から愛読してきたロシアの大文豪《だいぶんごう》トルストイは、自《みずか》らの哲学を、こう記《しる》しています。

「この人生における疑《うたが》う余地《よち》のないただひとつの幸福は、
他人のために生きることである」
「われわれは他人のために生きたとき、
はじめて真《しん》に自分のために生きるのである」

人生の真髄《しんずい》を表現した叫《さけ》びです。今回は、この言葉を、皆《みな》さんに贈《おく》りたい。

もしも、トルストイが、菩薩《ぼさつ》の道を進む創価の未来部の友と会ったならば、どれほど喜《よろこ》ぶことか。

――池田先生には、トルストイの玄孫《げんそん》（ひ孫《まご》の子）に当たるウラジーミル氏から、第一号の「トルストイの時代」賞が授与《じゅよ》されています。

トルストイは、恵《めぐ》まれない人々に手を差し伸《の》べた〝人間愛のペンの勇者《ゆうしゃ》〟です。『戦争と平和』は、世界最高峰《さいこうほう》の文学作品として有名です。

＊

名誉会長　トルストイは、当時、奴隷《どれい》のような扱《あつか》いを受けていた農民の子どもたちのために学校を創《つく》ったり、飢饉《ききん》で苦しむ人々に、食糧《しょくりょう》を配るために被害地《ひがいち》を回り、多くの給食所を設《もう》けたりするなど、民衆《みんしゅう》のために菩薩《ぼさつ》の行動を続けました。

その原点は、少年時代にあります。二歳になる前に母が亡《な》くなり、九歳の年には父も他界《たかい》しました。父母を失《うしな》った彼に愛情を注《そそ》いでくれたのは、遠い親《しん》せきのタチヤーナ・ヨールゴリスカヤ小母《おば》さんでした。

実《じつ》の母のように深い愛情で接《せっ》し、育《はぐく》んでくれる小母《おば》さんに、トルストイ少年は、感謝の詩をささげます。

「あなたがしてくれたことのすべてを　わたしは知っています」

小母《おば》さんの「人のために」生きる心が、トルストイの一生涯《いっしょうがい》の行動の力《ちから》になったと、私は思う。

＊

――「恩《おん》を忘《わす》れない」ということですね。ただ、「人のために行動するということは、自分を犠牲《ぎせい》にすることなんでしょうか?」という質問もありました。

名誉会長　大事な問《と》いだね。

「自分だけ」では、利己《りこ》主義です。逆《ぎゃく》に「相手だけ」では、自己犠牲《じこぎせい》になる。そうではなく、自分も、相手も、一緒《いっしょ》に喜《よろこ》び、成長し、幸福になっていく。これが、本当の喜びではないだろうか。

日蓮大聖人《にちれんだいしょうにん》は、「喜《き》とは自他共《じたとも》に喜《よろこ》ぶ事なり」（御書七六一ジ）と仰《おお》せです。

「人のため」とは、相手を喜《よろこ》ばせてあげることです。相手が喜べば、自分も楽しい。充実《じゅうじつ》がある。張り合いがある。生きがいがある。それは、自分のことしか考えてない時の喜びとは、比《くら》べものにならないほど、大きくて深い喜びなのです。

「他人の不幸のうえに自分の幸福を築《きず》くことはしない」――これは、私が関西創価学園生に贈《おく》った指針《ししん》です。

互《たが》いに喜《よろこ》び、自分も他人も、大歓喜《だいかんき》に包《つつ》まれて幸福に生きる――そのために、人生はあるんです。

御書《ごしょ》には、こうも説《と》かれている。「人のために灯《ひ》をともせば、自分の前も明るくなる」（一五九八ジペー、通解）

人のためにする行動は、必ず自分のためにもなる。何よりも、自分の生命が明るく光り輝《かがや》きます。真《しん》に「人のために」生きることは、強く賢《かしこ》く、自分も他人も大切にしていく生き方《かた》なんです。

こうした幸福観を社会に広げているのが、私たち創価学会です。

＊

――「今は、自分のことだけで精いっぱいなのに、友達のことを思えるような人になれるのでしょうか」という声もありました。

名誉会長　もちろん、今、皆《みな》さんにとって大切なことは、自分自身を鍛《きた》えることです。背伸《せの》びをする必要は、まったくありません。その上で、身近《みぢか》なところから、自分が今できることを、無理せず行《おこな》っていけばいいんです。

誰《だれ》の生命にも、菩薩界《ぼさつかい》があります。それが縁《えん》に触《ふ》れて現れる。例《たと》えば、重い荷物を抱《かか》えているおばあちゃんを見たり、困《こま》っている友達がいたりすると、〝何とか助けてあげたいな〟と思う。

そこには「菩薩界《ぼさつかい》の生命」が輝《かがや》いている。ふだんよりも、もう少しだけ勇気を出せば、慈悲《じひ》（思いやり）の心は出てくるのです。

戸田先生は「慈悲《じひ》といっても、なかなか出ない。慈悲に代《か》わるものは勇気である」と言われました。

この勇気の扉《とびら》を開《ひら》く鍵《かぎ》が、妙法《みょうほう》の題目です。「菩薩界《ぼさつかい》の生命」を、いつでも、どこでも、どんな時でも、みんなの胸中《きょうちゅう》から引き出してくれるのです。

――過日《かじつ》、福島県の男子高等部員が、友人と共《とも》にロボット開発のコンテストに挑《いど》みました。このチームは国内予選で一位、日本代表として六月の世界大会に出場し、各国の大学生らと競《きそ》って堂々《どうどう》の第二位に輝《かがや》きました！

彼らが考えたのは「遠隔《えんかく》操作のできる探査《たんさ》ロボット」です。原発事故を収束《しゅうそく》させるために役立つロボットを作りたい、という思いだったと伺《うかが》いました。

名誉会長　すごいね。おめでとう！　本当にうれしい！

人の役に立とうと真剣《しんけん》に立ち上がる時、人間は生き生きと輝《かがや》く。その「勇気」が「慈悲《じひ》」となる。その「慈悲」から「智慧《ちえ》」が湧《わ》く。

私が対談を重《かさ》ねたアメリカの大経済学者ガルブレイス博士も、「他者への思いやりこそ、人間を動かす最《もっと》も大切な原動力である」と結論されています。

人のために生きる人は、その時は、苦労が多くて損《そん》をしたように見えることがあるかもしれない。しかし、間違《まちが》いなく「心の財《たから》」を積《つ》んでいるんです。絶対に幸福勝利の人生を飾《かざ》ることができる。

東日本大震災《だいしんさい》で、「人のために」という生き方《かた》の尊《とうと》さと誇《ほこ》りを、わが東北の友は厳然《げんぜん》と示《しめ》してくださった。私たちは断《だん》じて忘《わす》れません。

――「将来、人類に貢献《こうけん》する仕事をしたい」「悩《なや》んでいる友達の力《ちから》になりたい」というメンバーもたくさんいます。とともに、「『人のため』という言葉はスケールが大きくて、具体的にどうすればいいのか、よく分かりません」との相談が寄《よ》せられています。

名誉会長　「どうすれば人のためになるのか」と考えること自体、偉大《いだい》な人生の具体的な一歩です。

結論から言えば、仏法者である私たちは、まず、友の幸せを祈《いの》って題目をあげることができる。そこから湧《わ》き上がる勇気と思いやりの心で、友に接《せっ》していくことです。

日々の生活に当てはめれば――

教室に一人でいる友達がいれば、一言《ひとこと》、声をかけてみる。下を向いている人がいれば、笑顔で明るくあいさつしてみる。

落ち込んでいる友を励《はげ》ます方法だって、さまざまです。「大丈夫《だいじょうぶ》だよ」と言ってあげる。側《そば》にいてあげることだって、すごい支《ささ》えになる。小さいことのように思えるけど、そうした真心《まごころ》が、実《じつ》は一番、大きな力《ちから》になるんだよ。

＊

——二〇一三年の七月は、「正義の走者」（現・未来部歌）が誕生《たんじょう》して三十五周年です。世界のため、人類のため、青年のために行動し抜《ぬ》いてこられた池田先生の後継《こうけい》として、未来部はこれからも、正義の道を走り抜いていきます！

名誉会長　「正義の走者」が発表された時の未来部員は、みんなのお父さん、お母さんたちの世代です。私は三番の歌詞に——

「花の輪《わ》広げん　走者なり
ああ柱たれ　我等《われら》の時代の」

と記《しる》しました。

未来部のみんなにも、家庭で、学校で、地域で、そして世界で、笑顔の花、対話の花、喜《よろこ》びの花を大きく広げていってほしい。

そして、皆《みな》から頼《たよ》りにされる、時代の柱になってほしい。これが永遠《えいえん》に変わらない、私の祈《いの》りです。

※トルストイの言葉は、小沼文彦編訳『トルストイの言葉〈新装版〉』（彌生書房。扉も同）、トルストイ著『文読む月日 上』北御門二郎訳（筑摩書房）、人見楠郎・小波宏全・油家みゆき編『トルストイの生涯』（ほさか）。法橋和彦編『トルストイ研究』（河出書房新社）を参照。ガルブレイス博士の言葉は、対談集『人間主義の大世紀を――わが人生を飾れ』（潮出版社）。

16

「平和の種《たね》」を蒔《ま》く人に ㊤

現代化学の父
ライナス・ポーリング

世界には軍事力《ぐんじりょく》や核爆弾《かくばくだん》という
悪の力《ちから》よりも更《さら》に偉大《いだい》な力がある。
善《ぜん》の力、道徳《どうとく》や、
ヒューマニズムの力である。
私は人間の精神の力を信じる

生命《いのち》ほど大切なものはない

――この夏（二〇一三年）、全国で「創価ファミリー大会」が開催《かいさい》されます。未来部メンバーが中心となって、企画も運営《うんえい》も担《にな》っていきます。

名誉会長　頼《たの》もしいね。

私も心を躍《おど》らせて見守っています。暑い中、本当にご苦労《くろう》さま！　熱中症《ねっちゅうしょう》や交通事故などに気をつけて、楽しく有意義《ゆういぎ》に行ってください。担当者、また役員の皆様《みなさま》も、大変にお世話になります。

*

――ファミリー大会では、「平和」について学ぶコーナーを設《もう》けるところもあります。

名誉会長　大事だね。「平和のバトン」が、しっかりと未来へ受け継《つ》がれていく。これ以上の希望はありません。

戦争を推《お》し進めた軍部《ぐんぶ》政府と戦って獄死《ごくし》された牧口先生、共《とも》に獄に入《はい》られた戸田先生も、どれほど喜ばれることか。

――池田先生は小説『人間革命』を、こう書き始められました。

戦争ほど、残酷《ざんこく》なものはない。

戦争ほど、悲惨《ひさん》なものはない。

この一節《いっせつ》を学んだメンバーから、「池田先生の戦争体験を教えてください」というお願《ねが》いがありました。

名誉会長　若い読者からの一番大事な質問です。著者《ちょしゃ》として真剣《しんけん》に答えないといけません。一九四五年（昭和二十年）の八月十五日、日本が終戦を迎《むか》えた日、私は十七歳でした。

まさに高等部の皆《みな》さんの年代《ねんだい》です。

戦争は、私たちの青春をめちゃくちゃにしました。

わが家は、今の東京・大田区で海苔《のり》の養殖《ようしょく》・製造《せいぞう》をしていましたが、働き盛《ざか》りの四人の兄が次々に軍隊にとられ、一家の柱である父はリウマチを患《わずら》い、家業は傾《かたむ》いてしまいました。母はグチ一つこぼしませんでしたが、その苦労は並大抵《なみたいてい》ではなかったと思います。

幼《おさな》い弟や妹もいるので、私は家計を助けるため、海苔《のり》作りの手伝いをし、新聞配達もしました。当時の国民学校を卒業すると、近くの鉄工所で働き始めました。十四歳だから、今の中等部の皆《みな》さんの年代だね。進学したかったのですが、叶《かな》いませんでした。戦争の悪は、若い人から学ぶ機会を奪《うば》うことにもあります。その上、私は結核《けっかく》にかかり、戦時中なので、十分な治療《ちりょう》が受けられず、ずいぶんと苦しみました。

父母が苦労してつくった立派《りっぱ》な家は、戦争が近づくと人手に渡り、やがて軍需《ぐんじゅ》工場になりました。引っ越した家も、空襲《くうしゅう》が激《はげ》しくなると、強制疎開《きょうせいそかい》といって、また明け渡さなければなりませんでした。

ようやく、おばの家の敷地《しきち》に建て増《ま》しをして、いよいよ明日から、そこで暮《く》らせるという夜、突然《とつぜん》の空襲《くうしゅう》で焼夷弾《しょういだん》が直撃《ちょくげき》して全焼してしまったのです。全《すべ》てを失《うしな》いました。辛《かろ》うじて運び出した荷物箱から出てきたのは、妹のひな人形でした。

家族が意気消沈《いきしょうちん》したその時、母が明るい声で言いました。「このおひなさまが飾《かざ》れるような家に、きっと住めるようになるよ！」

母は偉大《いだい》です。その一言《ひとこと》で、皆《みな》の心に希望の光がともりました。

＊

──戦争が終わった時は、どういう実感があったのでしょうか。


名誉会長　平和とは「こんなに静かなものなのか」と思いました。突然《とつぜん》の空襲警報《くうしゅうけいほう》のサイレンも、爆撃機《ばくげきき》の爆音《ばくおん》も、気に病《や》む必要がなくなったからです。

そして、「こんなに明るいものか」と思いました。戦争中は夜でも灯火管制《とうかかんせい》といって、家も街も暗かった。母は「明るいねえ。電気がついたよ。明るいね」と声をはずませて夕食の支度《したく》をしてくれました。

父も母も、軍隊《ぐんたい》に行った兄たちを待ちわびていました。三男、四男、次男と、命《いのち》からがらの姿《すがた》で帰ってきたのは、その翌年です。

しかし、終戦から二年がたとうとしていた五月、ただ一人、消息《しょうそく》不明だった一番上の兄の戦死の報《しら》せが届《とど》きました。私の大好きな兄でした。背中を震《ふる》わせて悲しみをこらえていた母の姿《すがた》を、私は忘《わす》れることができません。

戦争は、始まってしまえば、悲劇《ひげき》しかありません。「平和を築《きず》くための戦争」なんて、私は信じない。戦争が終わっても、地獄《じごく》の苦しみは、ずっと続きます。わが家だけでなく日本中の多くの家族が、その苦しみを味わいました。それは、アジアでも、世界でも。

ゆえに、戦争は絶対悪《ぜったいあく》なのです。私は戦争を心から憎《にく》みます。

戦争を引き起こす魔性《ましょう》を断《だん》じて許《ゆる》さない――私は、こう誓《ちか》ったのです。

――そんな折《おり》、人生の師《し》となる戸田先生と会われたのですね。

名誉会長　そうです。兄の戦死の報《ほう》が届《とど》いてから三カ月後の八月十四日、暑い夏の夜でした。社会は混乱《こんらん》を極《きわ》めていました。正しく生きゆく「青春の道」を必死で求めていた十九歳の時です。

友人と共《とも》に参加した学会の座談会の会場に入ると、度の強いメガネをかけた壮年《そうねん》が、二十人ほどの人に囲《かこ》まれて話をしていました。

「私は、この世《よ》から一切の不幸と悲惨《ひさん》をなくしたい」――情熱《じょうねつ》に満《み》ちた戸田先生の声が、会場に響《ひび》いていました。先生が、その時、講義されていたのは、日蓮大聖人《にちれんだいしょうにん》の「立正安国論《りっしょうあんこくろん》」でした。世の中を平和にするには、一人ひとりの心に、正しい哲学を打ち立てねばならない、という内容の御書《ごしょ》です。

講義が一段落した時、私は先生に、「正しい人生とは、いったい、どういう人生を言うのでしょうか」と質問しました。戸田先生は、まるで昔から私のことをご存《ぞん》じのように、温かく包《つつ》みながら、答えてくださった。そして、「大聖人《だいしょうにん》の仏法を実践《じっせん》してごらんなさい。青年じゃありませんか。必ずいつか、自然に、自分が正しい人生を歩《あゆ》んでいることを、いやでも発見するでしょう」と語られたのです。

難《むずか》しい宗教のことは分かりませんでしたが、〝この人なら信じられる〟と思い、十日後の八月二十四日（一九四七年）に入信して、師弟の道を歩《あゆ》み始めました。暑い暑い日曜日でした。

以来、六十六年――。戸田先生の教えのままに、私は対話を武器に、世界中に「平和の種《たね》」を蒔《ま》き続けてきました。

——あるメンバーから、「平和というとスケールが大きくて、何をすればいいのか分かりません」という質問が寄《よ》せられています。

名誉会長　「平和」とは、何《なん》なのか——そうやって考えていく、若き誠実《せいじつ》な心こそ、平和の源泉《げんせん》です。今は、はっきりと分からなくとも、粘《ねば》り強く求め続けていくことが、平和の波を起こすんです。

戦争の本質は「暴力」です。国や民族の間の大きな争《あらそ》いから、「いじめ」にいたるまで、現実には有形無形《ゆうけいむけい》の暴力がある。ゆえに、「いじめ」をなくそうと祈《いの》り、努力する君は、すでに平和の創造者《そうぞうしゃ》です。平和は、自分の勇気から始められるのです。

政治や外交《がいこう》、経済の次元などで平和を考えるのも、もちろん大事でしょう。しかし、それを動かしているのは、人間です。「平和」をつくるのは「人間」です。

結局は、一人ひとりの「平和の心」を育《はぐく》む以外に、平和への確《たし》かな道はありません。

＊

――「なぜ戦争は起きるのか」という率直《そっちょく》な疑問がありました。

名誉会長　日蓮大聖人《にちれんだいしょうにん》は、「瞋恚《しんに》（怒《いか》り）が激《はげ》しくなれば、その国土《こくど》に戦争が起きる」（御書七一八㌻、通解）と仰《おお》せです。自己《じこ》中心的な「怒《いか》りの心」が戦争を引き起こす元凶《げんきょう》であると、見抜《みぬ》いておられるのです。

怒《いか》りは、「貪《とん》・瞋《じん》・癡《ち》」（むさぼり・いかり・おろか）という生命の「三毒《さんどく》」の一つです。そうした〝毒〟がはびこってしまえば、社会は乱《みだ》れ、争《あらそ》いが絶《た》えなくなります。

それに振《ふ》り回されず、幸福と平和の方向へリードしていく、強く正しく賢《かしこ》い生命が「仏《ぶっ》界《かい》」です。

人間の尊《とうと》い心を信じ、全《すべ》てから希望を創造《そうぞう》していこうとする仏《ほとけ》の生命です。それは「絶対にあきらめない生命」ともいえましょう。

この生命が、一切の人に具《そな》わっていると説《と》くのが、私たちが実践《じっせん》する仏法です。

自分には、何より尊《とうと》い生命がある。目の前の人にも、自分と同じ尊極《そんごく》の生命がある。だから、自分の生命も、他者の生命も絶対に大切にしよう――これこそ、戦争を食い止める思想です。どこの国の人であれ、どの民族の命《いのち》であれ。

この「生命尊厳《そんげん》の思想」を、世界精神に高めていくことが、現代の「立正安国《りっしょうあんこく》」です。

仏界《ぶっかい》は、題目を唱《とな》えていくことで、わが生命からこんこんと湧《わ》いてきます。

そうして湧《わ》き出《いだ》した勇気と希望と智慧《ちえ》を武器に、皆《みな》の心に励《はげ》ましの光を送っていく。尊《そん》極《ごく》の生命があることに共《とも》に目覚《めざ》めていく。友のため、地域のため、社会のため、平和のために、わが学会員は、最《もっと》も尊《とうと》い地涌《じゆ》の菩薩《ぼさつ》として、立正安国《りっしょうあんこく》の対話をしているのです。


「平和」とは――

絶望を希望に変える、間断《かんだん》なき闘争《とうそう》です。

人間への信頼《しんらい》を断《だん》じて手放《てばな》さない、不屈《ふくつ》の根性《こんじょう》です。

自他共《じたとも》の生命を最大に尊重《そんちょう》する、人間の讃歌《さんか》です。

今回は、私の友人である現代化学の父ライナス・ポーリング博士（ノーベル化学賞・平和賞を受けた科学者）の、信念《しんねん》の言葉を贈《おく》りたい。


「世界には軍事力《ぐんじりょく》や核爆弾《かくばくだん》という悪の力《ちから》よりも更《さら》に偉大な力がある。善《ぜん》の力、道徳《どうとく》や、ヒューマニズムの力である。私は人間の精神の力を信じる」

――ポーリング博士は、ニュートンやダーウィン、アインシュタインと並《なら》び、最《もっと》も偉大《いだい》な科学者の一人として讃《たた》えられています。平和運動家としても活躍《かつやく》され、池田先生と対談集を発刊されました。

先生の講演に参加された際《さい》には、並《な》み居《い》る一流の識者《しきしゃ》を前に「私たちには、創価学会があります！　そして宗教の本来の使命《しめい》である平和の建設に献身《けんしん》される池田ＳＧＩ会長がおります！」と宣言されていました。

＊

名誉会長　博士は、私たちを信頼《しんらい》し、平和の闘争《とうそう》を託《たく》してくださった。四回にわたってお会いし、人類の未来について語り合ったことは、忘《わす》れ得《え》ぬ歴史です。

博士は一貫《いっかん》して核兵器《かくへいき》に反対し、核実験を推進《すいしん》する政府から迫害《はくがい》を受けた。それでも、〝人間を苦しめるものは、断《だん》じて許《ゆる》さない！〟と、多くの論文を書き、講演を重《かさ》ね、平和への方途《ほうと》を示《しめ》し続けました。

なぜ博士が、苦難《くなん》に負けず、行動し続けることができたのか。

幼少期は病気がちで、家計も苦しかった。九歳の時には父が亡《な》くなりました。博士は、学校に通《かよ》いながらアルバイトに励《はげ》み、一家を支《ささ》えていきます。大学進学後も、仕送りを続けながら、執念《しゅうねん》で勉学の日々を重《かさ》ねていったのです。

「人間は、やればできる」——若き日の奮闘《ふんとう》の中で、博士は、この確信《かくしん》をつかみとったんだね。

博士は、弾圧《だんあつ》にも屈《くっ》しないで、勇敢《ゆうかん》に堂々《どうどう》と、平和の信念《しんねん》を叫《さけ》び抜《ぬ》きました。その博士を陰《いん》に陽《よう》に支《ささ》えたのは、奥《おく》さまの存在です。奥さまは〝平和の同志〟でありました。

心から信頼《しんらい》し、共《とも》に行動する同志がいる。仲間がいる——これもまた、平和の源泉《げんせん》なのです。

私には、平和のために戦う同志が世界中にいる。

そして何より、「平和のバトン」を託《たく》す未来部の君たち、あなたたちがいる——これが、何よりの誇《ほこ》りであり、喜《よろこ》びなのです。

※ポーリング博士の言葉は、『ノー・モア・ウォー』丹羽小弥太訳（講談社。扉も同）。

17

「平和の種《たね》」を蒔《ま》く人に ㊦

“平和の文化”の母
エリース・ボールディング

（平和は）お互《たが》いが日常的に助け合うなかにあります。
家庭、そして地域社会こそが、きわめて重要な平和の出発点なのです

「勇気の一歩」で世界は変わる

――「平和の種《たね》を蒔《ま》く人に㊤」を読んだ未来部員から、決意の声がたくさん寄《よ》せられています。

「戦争で、不幸になる人はいても、幸せになる人は一人もいないことを、あらためて学びました。自分の生命も、他者《たしゃ》の生命も大切にするという、当たり前だけど一番重要なことから、行動していきます」ともありました。

名誉会長　うれしいね。

みんながいるから、世界は絶対に良くなる。これが私の確信《かくしん》です。

君の誠実《せいじつ》な決意の中に、平和の炎《ほのお》が燃《も》えている。あなたの真剣《しんけん》な祈《いの》りに、人類の未来が輝《かがや》いている。若くして生命尊厳《そんげん》の仏法を持《たも》ち、平和を目指《めざ》して学び続ける、みなさんこそ、何よりも尊《とうと》い世界の希望です。

＊

――「ポーリング博士の姿《すがた》を知り、平和のために戦う人が迫害《はくがい》されることに、憤《いきどお》りを感じました。池田先生も同じです。先生は、なぜ、迫害の連続の中、世界平和の闘争《とうそう》を続けることができたのでしょうか」という質問がありました。

名誉会長　君の憤《いきどお》りは、まさに「正義の怒《いか》り」です。

日蓮大聖人《にちれんだいしょうにん》は「瞋恚《しんに》（怒り）は善《ぜん》にも悪にも通《つう》ずる」（御書五八四ジペー、通解）とご指南《しなん》されています。

㊤では、自己《じこ》中心的な「怒《いか》り」が戦争の原因であることを、御書《ごしょ》を拝《はい》して学びました。こうした悪に通《つう》ずる「怒り」がある一方、「怒り」は善《ぜん》にも通ずると仰《おお》せです。

それは、生命という最《もっと》も尊厳《そんげん》な「宝《たから》」を傷つける魔性《ましょう》への「正義の怒《いか》り」です。これこそ、平和の出発点と言えるでしょう。

私の恩師《おんし》・戸田城聖《じょうせい》先生は、悪に対しては、それはそれは激《はげ》しく憤怒《ふんぬ》された。なかんずく、最《もっと》も正しく、最も偉大《いだい》な師匠・牧口常三郎《つねさぶろう》先生を獄死《ごくし》させた軍国《ぐんこく》主義への怒《いか》りは、烈々《れつれつ》たるものでした。この正義の怒りに貫《つらぬ》かれた「原水爆《げんすいばく》禁止宣言」が、私たちの平和運動の大いなる原点です。

一九五七年(昭和三十二年)九月八日、神奈川で開催《かいさい》された青年部の体育大会で、戸田先生は不滅《ふめつ》の宣言を発表されたのです。

先生は断言《だんげん》されました。「われわれ世界の民衆《みんしゅう》は、生存の権利《けんり》をもっております。その権利をおびやかすものは、これ魔《ま》ものであり、サタンであり、怪物《かいぶつ》であります」。

あらゆる戦争や核兵器《かくへいき》は、人間の心の中に潜《ひそ》む魔性《ましょう》の現れであると、先生は見抜《みぬ》いておられました。その魔性を打ち砕《くだ》いて、民衆《みんしゅう》の生命を守り抜くために、ご自身の命《いのち》をかけて師子吼《ししく》されたのです。

そして、この「核兵器《かくへいき》を使用した者は魔物《まもの》である」という思想を世界に広めゆく大使命《だいしめい》を、青年に託《たく》されました。

*

——核兵器廃絶《はいぜつ》を目指《めざ》す科学者の連帯《れんたい》「パグウォッシュ会議」の創設者《そうせつしゃ》・ロートブラット博士は、戸田先生を「平和の英雄《えいゆう》」「平和の殉教者《じゅんきょうしゃ》」と讃《たた》えておられました。そして池田先生に、「今、私たちは、非常に厳《きび》しい状況《じょうきょう》にあります。この状況をなんとか抜《ぬ》け出さなければなりません。池田先生に、そのためのリーダーシップをとってもらいたいのです」と語られました。

名誉会長　ロートブラット博士は、世界的に有名な「ラッセル＝アインシュタイン宣言」（核兵器《かくへいき》と戦争の廃絶《はいぜつ》を訴《うった》える世界的科学者たちの共同宣言）に、ポーリング博士たちと一緒《いっしょ》に署名《しょめい》した偉大《いだい》な科学者でした。宣言には、こうあります。「われわれは、人間として人間に訴《うった》える――諸君《しょくん》の人間性を記憶《きおく》せよ、そして他のことを忘《わす》れよ」。

人間性に焦点《しょうてん》を当てた宣言は、戸田先生の「原水爆《げんすいばく》禁止宣言」の精神と深く響《ひび》き合うものです。

恒久《こうきゅう》平和は、制度や法の整備《せいび》だけでは築《きず》けない。どこまでも、人間自身の心に「平和の砦《とりで》」を築き上げることが、一切の根本《こんぽん》です。

戸田先生は、民衆《みんしゅう》をこよなく愛した偉大《いだい》な指導者でした。地上から「悲惨《ひさん》」の二字をなくすために立ち上がった平和の師子王《ししおう》でした。邪悪《じゃあく》を断《だん》じて許《ゆる》さない正義の大英雄《だいえいゆう》でした。ゆえに、一人を徹《てっ》して励《はげ》まし、尊《とうと》い使命《しめい》を教えていかれたのです。

「原水爆禁止宣言《げんすいばくきんしせんげん》」を聞いたあの日、私の心は燃《も》えました。先生の弟子として、師《し》の信《しん》念《ねん》を一生涯《いっしょうがい》、世界中に広め抜《ぬ》いていくのだ、と。

以来、私は世界中を駆《か》け巡《めぐ》り、人類を結《むす》ぶ対話を繰《く》り広げてきました。各国の指導者と語り合い、核兵器《かくへいき》の悲惨《ひさん》さを訴《うった》える展示も行《おこな》っています。平和と幸福の社会を築《きず》くため、恩《おん》師《し》の精神を広めるため、無理解《むりかい》の中傷《ちゅうしょう》を浴《あ》びようが、行動し続けてきました。

海も前に進めば、荒波《あらなみ》が立つ。山も高く登れば、烈風《れっぷう》が吹《ふ》く。

「正しいこと」をしようとすれば、反対や圧迫《あっぱく》があるのは、当然です。全部、分かっていました。しかし、恩師《おんし》との誓《ちか》いを断固《だんこ》と果《は》たす。これが私の人生ですから。

＊

――一九七五年（昭和五十年）一月二十六日、ＳＧＩが発足《ほっそく》しました。その際《さい》、池田先生は、発足式に参加していた五十一カ国・地域の代表に「皆《みな》さん方《がた》は、どうか、自分自身が花を咲《さ》かせようという気持ちでなくして、全世界に妙法《みょうほう》という平和の種《たね》を蒔《ま》いて、その尊《とうと》い一生を終わってください。私もそうします」と述《の》べられました。

名誉会長　今、その「平和の種《たね》」は、世界百九十二カ国・地域で、花となって開《ひら》き始めました。

いよいよ爛漫《らんまん》と咲《さ》き薫《かお》らせていくのが、未来部のみなさんです。

種《たね》は小さい。華《はな》やかさはない。誰《だれ》も見向きもしないかもしれない。でも、夏の暑さや冬の寒さにも、じっと耐《た》え、時を待って、芽《め》を出し、大輪《たいりん》を咲《さ》かせる。平和の行動だって、同じです。

その意味から、私の大切な友人で、「〝平和の文化〟の母」と讃《たた》えられたエリース・ボールディング博士の言葉を贈《おく》りたい。

「平和は、たんに危機《きき》に対処《たいしょ》するだけではなく、
お互《たが》いが日常的に助け合うなかにあります。
家庭、そして地域社会こそが、きわめて重要な平和の出発点なのです」

――博士は、国際平和研究学会事務局長、国連大学理事などを務《つと》め、第二次世界大戦の中でも、平和の闘争《とうそう》に走り抜《ぬ》かれました。五人のお子さんを立派《りっぱ》に育てられながら、平和

運動の推進《すいしん》に尽力《じんりょく》された〝平和の母〟です。
先生と対談集『「平和の文化」の輝《かがや》く世紀へ！』（潮出版社）を残されました。

名誉会長　この偉大《いだい》な博士が手本とされたのも、ご自身のお母さんでした。博士が幼《おさな》いころ、近所に老人ホームがあり、博士のお母さんは、そこの方々《かたがた》をいつも気《き》遣《づか》っていた。時には、幼い博士を連れて行き、皆《みな》の前で歌を歌わせたり、ダンスを踊《おど》らせたりしました。

そうした母の振《ふ》る舞《ま》いから、〝人々に尽《つ》くし、幸せにすることが、私の使命《しめい》だ〟と、博士は心に刻《きざ》んだのです。

平和の舞台《ぶたい》は、何か特別な場所にあるのではない。家庭や学校、地域社会のどこにだってある。

そう、みんながいる場所が、即《そく》、平和の本舞台《ほんぶたい》です。日々の生活の中にこそ、平和の種《たね》が芽《め》を吹《ふ》き、花開《ひら》く土壌《どじょう》があるのです。

＊

――未来部のメンバーからも、「平和を求めることは、世界中の誰《だれ》でもできることだと思います。私もその一人として、平和を願《ねが》い、少しでも、できることから行動したい」「今、私にできることは少ないけど、題目をいっぱいあげて、世界平和を祈《いの》り、元気なあいさつで、みんなを笑顔にしたいです」等々、〝今いる場所で頑張《がんば》る〟という決意が届《とど》いています。

名誉会長　素晴《すば》らしいね。

みんなが今、できることは、決して「少し」なんかじゃありません。むしろ、貴重《きちょう》な青春時代だからこそ、直接、たくさんの平和を築《きず》くことができる。

それは、なぜか――。

「友情」が平和の力《ちから》だからです。「親孝行」が平和の源《みなもと》だからです。「勉学」が平和の光だからです。

君が友達と励《はげ》まし合い、良い友情を築《きず》いた分《ぶん》、平和は前進します。

あなたが成長し、ご両親に喜《よろこ》んでもらった分《ぶん》、平和は広がります。

みんなが徹《てっ》して学び、民衆《みんしゅう》を守る力《ちから》をつけていった分《ぶん》、世界を平和で照《て》らしていけるのです。

何より、みなさんは、題目を唱《とな》えて、自身に秘《ひ》められた生命の無限《むげん》のエネルギーを取り出せる。

『魂《たましい》の力《ちから》』は原子爆弾《ばくだん》よりも強い」とは、インド独立の父・ガンジーの信念《しんねん》でした。みなさんの生命の力は、核爆発《かくばくはつ》の巨大なエネルギーを表《あらわ》した方程式「$E=mc^2$」(Eはエネルギー、mは質量、cは光速)でも測《はか》れないくらい、遙《はる》かに大きいのです。

だから、今は一生懸命《いっしょうけんめい》、題目を唱《とな》え、みんなの周《まわ》りにいる人を大切にしてほしい。学びに学び、心身を鍛《きた》え、大きく成長してほしい。それが、全部、「平和の種《たね》」となっていくんです。

＊

——空襲《くうしゅう》で家が焼かれても、家族のために明るく振《ふ》る舞《ま》われた池田先生のお母さまのエピソードに感動した未来部員が数多くいました。「どんな時でも明るく周囲《しゅうい》を照《て》らせるお母さんに尊敬《そんけい》の心が湧《わ》きました。私も、支《ささ》えて励《はげ》ますことができるよう、努力します」と語っていました。

名誉会長　あなたが、お母さんを尊敬《そんけい》する美しい心こそ、平和の原点です。

大聖人《だいしょうにん》は、「悲母《ひも》の恩《おん》を報《ほう》ぜんために」(御書一三一二ページ)、すなわち〝母への恩返しのために〟と述《の》べられて、民衆救済の大闘争を起こされました。

ボールディング博士も、学会の婦人部の座談会《ざだんかい》に出席されて、「本当の人間の精神を感じたように思いました。家族と過《す》ごしているような温かさを感じたのです」と感動を語っておられました。

母は偉大《いだい》です。母は強く、たくましく、優《やさ》しい。人を慈《いつく》しむ「母の心」を人類が忘《わす》れなければ、戦争は決して起こりません。母を大切にする時、みなさんの平和の心は大きく育《はぐく》まれていくんです。

みんなも、お母さんのために、成長の日々を送っていこう。

たまには家事も手伝って差し上げてください。急にお手伝いを始めたら「何かあったの?」と心配されるかもしれないけど、そうしたら「これが私の平和の第一歩です」と答えてごらん。(笑い)

「うちの子は平和の天使《てんし》かしら」と、きっと喜んでくれるよ。もちろん、少しは「お父

さんのため」にも頑張《がんば》ってね！（大笑い）

＊

――池田先生は、今からちょうど二十年前（一九九三年）の八月六日、小説『新・人間革命』の執筆《しっぴつ》を開始されました。この日は一九四五年（昭和二十年）、広島に原子爆弾《ばくだん》が投《とう》下《か》された日です。

平和ほど、尊《とうと》きものはない。
平和ほど、幸福なものはない。
平和こそ、人類の進むべき、根本《こんぽん》の第一歩であらねばならない。

この冒頭《ぼうとう》の一節《いっせつ》が刻《きざ》まれた碑《ひ》が、戸田先生の故郷《こきょう》である北海道の厚田《あつた》や、池田先生が平和旅の第一歩をしるされたハワイ、ＳＧＩ発足《ほっそく》の地グアム、モンゴルなどに建立《こんりゅう》されています。

名誉会長　二十世紀は「戦争の世紀」でした。二十一世紀は、断《だん》じて「平和の世紀」「生命尊厳《そんげん》の世紀」にしなければならない。ゆえに、私は戦い、語り、書き続けます。

何より、私には、二十一世紀の本命中《ほんめいちゅう》の本命である、後継《こうけい》の未来部がいます。

さあ、君の「勇気の一歩」で、世界を変えていこう！

あなたが「正義の走者」となって、平和を創《つく》り、広げていこう！

きょうも、何ものにも負けない若き生命のエネルギーを、満々《まんまん》と発揮《はっき》しながら！

※ボールディング博士の言葉は、『「平和の文化」の輝く世紀へ！』（『池田大作全集 114』〈聖教新聞社〉収録。扉は要旨）。ロートブラット博士の言葉は、B・ラッセル著『人類に未来はあるか』日高一輝訳（理想社）。

18

感動とともに心は豊《ゆた》かに

フランスの大文豪
ビクトル・ユゴー

海洋よりも壮《そう》大《だい》なる光《こう》景《けい》、
それは天空である。
天空よりも壮大なる光景、
それは実《じつ》に人の魂《たましい》の内《ない》奥《おう》である

みんなは「幸福を創《つく》る大芸術家」

――二〇二〇年、東京でのオリンピックとパラリンピックの開催《かいさい》が決定しました。まさしく、今の未来部員の世代が主役となる祭典《さいてん》です。

名誉会長　夢が広がるね。

先月（二〇一三年九月）、六十カ国・地域から来日《らいにち》した、海外の広宣流布《こうせんるふ》の青年リーダーたちも、未来部の皆《みな》さんとの出会いを心から喜《よろこ》んでいました。

わが未来部の凜々《りり》しき成長こそ、世界の大いなる希望なのです。

――未来部員も、それぞれの「秋」に挑戦《ちょうせん》しています。「勉学の秋」「読書の秋」、そして「スポーツの秋」「親孝行の秋」「芸術の秋」……。

名誉会長　秋は、稲穂《いなほ》も黄金に輝《かがや》く、一年の実《みの》りの季節です。近代オリンピックを提唱《ていしょう》した、クーベルタン男爵《だんしゃく》は言いました。「努力は最上《さいじょう》の喜《よろこ》びである」と。

皆《みな》さんも、自分らしく努力を積《つ》み重《かさ》ね、すがすがしい「実《みの》りの秋」としていってください。高き天空を仰《あお》いで、のびのびと大きく深呼吸《しんこきゅう》しながら！

*

――未来部員と語り合って思うのは、「忙《いそが》しい」と感じているメンバーが多いということです。「やることがありすぎて、目が回りそうです」という声も寄《よ》せられています。

名誉会長　そうか、今はみんな大変なんだね。確《たし》かに、学校に行って、部活をして、勉強をして……。塾《じゅく》や習い事に通《かよ》う人もいる。そして、未来部の活動への挑戦《ちょうせん》――。

みんな、よく頑張《がんば》っているね。本当に偉《えら》い。誰《だれ》が褒《ほ》めなくても、私は最大に褒め讃《たた》えたい。忙《いそが》しくて忙しくて、大変だろうけれども、青年がたくましく成長するのは、そういう時です。

何にもすることがなくて、ただ、のんきにだらだらと過《す》ごす。たまにはいいかもしれないけど、そういう日ばっかりだと、退屈《たいくつ》で、あきてしまうし、充実《じゅうじつ》もない。人間だけじゃない、全《すべ》ての生命は常《つね》に成長する。命《いのち》あるものは一瞬《いっしゅん》たりとも立ち止まらない。

だから「忙《いそが》しい」ということは「生きている」ということなんだ。その「忙しい」中で、どうやって、自分自身を励《はげ》まし、元気づけながら、日々、新たに前進していくか。

ここに人生の勝負がある。

忙《いそが》しいからこそ、賢《かしこ》く、ムダな時間をなくして、特に睡眠《すいみん》は十分にとるように心がけよう！　睡眠不足《ぶそく》では長続きしません。無理をしないで、あくまでも「健康第一」で！

＊

――「時間を使え、時間に使われるな」と言われますが、心に余裕《よゆう》がないと、どんどん時間に追い込まれた感じになります。

名誉会長　そうだね。だからこそ、生命力が大事なんだ。

その源泉《げんせん》が、勤行《ごんぎょう》・唱題《しょうだい》です。

御書には、「日月天《にちがってん》の四天下《してんげ》をめぐり給《たま》うは仏法の力《ちから》なり」(一一四六ジペー)とあります。大宇宙がたゆまずに運行《うんこう》する究極《きゅうきょく》の力《ちから》も妙法《みょうほう》です。題目を唱《とな》える人は、その限《かぎ》りない力《ちから》を、わが生命に漲《みなぎ》らせていけるのです。

忙《いそが》しい朝は、三唱《さんしょう》だけでもいい。心をこめて朗々《ろうろう》と題目を唱《とな》えれば、必ず通《つう》じます。みんなは、題目という最強無敵《むてき》の武器を持っている。忙《いそが》しい時こそ、題目を忘《わす》れず、太陽が昇《のぼ》るような満々《まんまん》たる生命力で、一日を出発してください。

――メンバーから、「忙《いそが》しい中で、豊《ゆた》かな心を持つには、どうすればいいですか」という質問がありました。

名誉会長　向上《こうじょう》しようと頑張《がんば》っている生命には、あらゆるものを吸収《きゅうしゅう》していく力《ちから》がある。縁《えん》するものから、より深い価値《かち》をつかむことができます。

ゆえに、忙《いそが》しいからこそ、良いものに触《ふ》れる機会、美しいものを見るチャンスを大切にしてほしいんです。そこから、感動が生まれます。その感動が〝心の栄養《えいよう》〟になる。そうすれば、心がどんどん大きく豊《ゆた》かになります。

私が、三十年前、創価大学の隣《となり》に東京富士美術館をつくったのも、創大生をはじめ多くの若い人たちに、一流の芸術品を鑑賞《かんしょう》してもらいたいという願《ねが》いを込めてです。戸田先生は、よく「文学も、音楽も、絵画も、求《もと》めて一流にふれよ!」と言われました。先生は、私たち青年を、あらゆる角度から、「第一級の社会人」へ、「心豊《こころゆた》かな民衆指導者」へと薫陶《くんとう》してくださったのです。

時には、レストランで食事のマナーを教えてくださることもありました。「水滸会《すいこかい》」や「華陽会《かようかい》」という人材グループでは、戸田先生のもとで、世界の名著《めいちょ》を掘《ほ》り下げて学び、指導者論や哲学論、歴史観などを教わりました。

フランスの大文豪《だいぶんごう》ビクトル・ユゴーの作品も、その教材の一つです。先生は常々《つねづね》、「ユゴーを読め」とおっしゃっていたんです。

*

——ユゴーと言えば、歴史的名作『レ・ミゼラブル』が有名です。ミュージカルや映画にもなり、その歌は未来部の合唱団のメンバーも力強《ちからづよ》く歌っています。

名誉会長　私が初めて『レ・ミゼラブル』を読んだのは、確《たし》か十四歳か十五歳の時、未来部の皆《みな》さんの年代でした。何度も読み返してきた一書です。

創価大学には、ユゴーが闊歩《かっぽ》しゆく姿《すがた》のブロンズ像があります。その台座には、『レ・ミゼラブル』の有名な一節《いっせつ》が刻《きざ》まれている。

「海洋よりも壮大《そうだい》なる光景《こうけい》、それは天空である。天空よりも壮大なる光景、それは実《じつ》に人の魂《たましい》の内奥《ないおう》である」

今回は、この言葉を皆《みな》さんに贈《おく》ります。自分自身の心こそ、大海《たいかい》よりも、大空よりも壮《そう》大《だい》な可能性《かのうせい》を発揮《はっき》していく原動力なのです。

――ユゴーは、激動《げきどう》の十九世紀に、民衆《みんしゅう》へ魂《たましい》の光を送り続けた偉大《いだい》な闘士《とうし》です。権力《けんりょく》の迫害《はくがい》にも屈《くっ》せず、勇敢《ゆうかん》な闘争《とうそう》を貫《つらぬ》きました。

名誉会長　そのユゴーも、幼少のころは体が弱かった。また何度も引っ越《こ》しせねばならない、なかなか落ち着かない暮《く》らしでした。

その中で、母はユゴー兄弟にたくさんの本を読ませました。この読書が大きな力《ちから》になったのです。私塾《しじゅく》を開《ひら》いていた老人からも、多くのことを学びました。ラテン語やギリシャ語も教えてくれました。ユゴーは、後《のち》に、「幼年時代の三人の教師」として、母と、この老人と、そして美しい庭（自然）を挙《あ》げています。

また九歳の時、スペインを旅行して、そこで見た建築物や彫刻《ちょうこく》に感動し、芸術の心が目《め》覚《ざ》めました。

さまざまな良き人との出会いや書物との格闘《かくとう》、美しい自然や芸術との語らいが、ユゴーの心を深く、大きく、豊《ゆた》かに育《はぐく》んでいった。その心が、ペンからほとばしり、民衆《みんしゅう》への愛情あふれる世界文学へと結晶《けっしょう》していったのです。

ユゴーのように、青春時代に、素晴《すば》らしいものや、優《すぐ》れた人物に触《ふ》れておくことが、どれほど大事か。自分自身の感動の体験が、やがて、多くの人を感動させ、喜《よろこ》ばせていく力《ちから》をつけることにも、つながるのです。

＊

――池田先生の『若き日の日記』を拝読《はいどく》すると、多忙《たぼう》を極《きわ》める激闘《げきとう》の中で、心豊《こころゆた》かに芸術に触《ふ》れておられたことが記《しる》されています。

名誉会長　「一流にふれよ！」との戸田先生の教えの通り、努力しました。先生の事業を必死に支《ささ》える一日一日だったから、それも真剣《しんけん》勝負の戦いでした。

小さなアパートの一室《いっしつ》では、よくレコードを聴《き》いたものです。ベートーベンの交響曲《こうきょうきょく》第五番「運命」や第九番が流れると、その時だけは、狭《せま》い部屋が、荘厳《そうごん》な大殿堂《だいでんどう》に変わった（笑い）。後輩《こうはい》たちが来た時には、スッペの「軽騎兵《けいきへい》」序曲《じょきょく》などを一緒に聴いて、共《とも》に胸を高鳴らせた。

時間のない中だからこそ、一曲の名曲も、一冊の名著《めいちょ》も、一枚の名画も、若き生命に鮮《せん》烈《れつ》に刻《きざ》みこまれたのです。しかし、何と言っても、私にとって最高の「一流」との触《ふ》れ合いは、戸田先生との対話でした。

戸田先生は、天才的な大学者であり、青年をこよなく愛する大教育者でした。何ものも恐《おそ》れない信念《しんねん》の師子王《ししおう》であり、庶民《しょみん》の母たちをこよなく大切にされる慈愛《じあい》の人間指導者でした。その恩師《おんし》に徹底《てってい》して薫陶《くんとう》していただいたことが、私の最大の誉《ほま》れです。

――「大きな心を持ちたいのですが、結局、自分のことばかり考えてしまって、親や友達に優《やさ》しくすることができません。そんな自分が嫌《いや》になります」という悩《なや》みを語ってくれたメンバーがいます。

＊

名誉会長　心配ないよ。誰《だれ》だって、そうです。だからこそ、祈《いの》って、人間革命《かくめい》するんです。題目をあげて、祈れるということは、本当にすごいことなんだ。みんなは、自分の幸福を祈れる。と同時に、ご両親や兄弟、友達をはじめ、周囲の人々の幸せも、みな祈っていけるんだよ。

心の大きさとは、何だろうか。

それは、「一人の人のことを、どれだけ思いやれるか」、そのように思いやれる相手が「どれだけいるか」と言ってもよいでしょう。友のこと、みんなのことを深く広く祈《いの》っていけばいくほど、心は、どんどん広がっていくのです。

私が出会った世界の一流の識者《しきしゃ》からは、必ずと言っていいほど、こうした心の大きさを感じました。世界平和を願《ねが》い、人類のために行動する人は、その心もまた、世界を包《つつ》み、人類を友とする広がりを持つのです。

仏法では、「心は工《たくみ》なる画師《えし》の如《ごと》し」と説《と》かれます。心は素晴《すば》らしい画家のように、自在《じざい》にあらゆるものを描《えが》き出すことができる、という意味です。

若くして妙法《みょうほう》を持《たも》った皆《みな》さんは、「希望の天才画家」であり、「幸福を創《つく》る大芸術家」です。思い描《えが》いた通りの自分になれないわけがありません。この心の力《ちから》を自覚《じかく》すれば、同じ一日であっても、計《はか》り知れない価値《かち》を創造《そうぞう》し、偉大《いだい》な未来を創造していけるんです。

――世界の識者《しきしゃ》が異口同音《いくどうおん》に感動されているのは、池田先生のもと、使命《しめい》に目覚《めざ》めた創価の友が、自身の力《ちから》を最大限《さいだいげん》に発揮《はっき》して、それぞれの地で〝良き市民〟として活躍していることです。

名誉会長　みんなのご家族の人間革命《かくめい》の姿《すがた》は、世界の模範《もはん》です。

皆《みな》さんも、自身の大いなる夢に向かって思い切り挑戦《ちょうせん》してほしい。挑戦してみて初《はじ》めて、自分の心の大きさも、偉大《いだい》さも分《わ》かる。

日蓮大聖人《にちれんだいしょうにん》は、「心」の不思議《ふしぎ》さを〝ケシ粒《つぶ》のような小さな中に入っても縮《ちぢ》まることもなければ、虚空《こくう》（大宇宙）の中に満《み》たしても心が狭《せま》すぎるということもない〟と御書《ごしょ》に仰《おお》せです（五六二㌻）。

どんなに窮屈《きゅうくつ》な環境《かんきょう》にいても、わが心は広々として縮《ちぢ》こまることはない。反対に、見知らぬ広大な世界に飛び込んでも、心は自由に駆《か》け巡《めぐ》ることができる。

「心」は自由自在《じざい》であり、無限《むげん》の力《ちから》がある。その偉大《いだい》な力を引き出すのが「信心」です。最高の自分自身を引き出す挑戦《ちょうせん》が「祈《いの》り」です。海洋よりも、天空よりも壮大《そうだい》な、無限の力と可能性《かのうせい》を開《ひら》きゆくために、仏法があるんです。

君よ、大きな心を持つ、世界の指導者たれ！

あなたよ、豊《ゆた》かな心で友を包《つつ》む、幸福博士たれ！

※クーベルタンの言葉は、鈴木良徳著『続・オリンピック外史』（ベースボール・マガジン社）。ユゴーの言葉は、『レ・ミゼラブル』豊島与志雄訳（岩波文庫。扉も同）。辻昶著『ヴィクトル・ユゴーの生涯』（潮出版社）を参照。

19

希望の未来を描《えが》こう

アフリカの環《かん》境《きょう》の母
ワンガリ・マータイ

「未来」は、「今」にあるのです。
将来、実現したい何かがあるなら、今、
そのために行動しなければなりません

毎日が君と私の「夢の出発点」

——いよいよ全世界の同志が待ち望《のぞ》んでいた広宣流布《こうせんるふ》大誓堂《だいせいどう》が完成し、「世界広布《こうふ》」の新時代が開幕《かいまく》しました。おめでとうございます！

名誉会長　おめでとう！　ありがとう！　この新時代の主役こそ、未来部の皆《みな》さんです。大誓堂《だいせいどう》も、未来部の皆《みな》さんに贈《おく》りゆく宝《たから》の城です。これから、創価の城を担《にな》い立って、人類を希望の光で照《て》らしゆくのは、まぎれもなく、皆さんだからです。

——大誓堂《だいせいどう》が竣工《しゅんこう》し、引き渡しの式典が行《おこな》われたのは、十月二日「世界平和の日」でした（二〇一三年）。池田先生が一九六〇年十月二日に、世界平和の旅に出発された記念日です。天空には、大きな大きな美しい虹《にじ》が出ました。

名誉会長　諸天《しょてん》も喜《よろこ》んでいるようだったね。

私の心には、みんなの未来を象徴《しょうちょう》する虹《にじ》と映《うつ》りました。世界中に平和と希望の「虹の橋」をかけゆく、君たちの晴れの姿《すがた》です。

学会が創立百周年を迎《むか》える二〇三〇年――。その時、みんなは、どんなに立派《りっぱ》な広宣流布《こうせんるふ》の指導者に育っているだろうか。

世界を飛び回る仕事で奮闘《ふんとう》している人もいるでしょう。未知《みち》の研究分野に挑《いど》む博士かもしれない。人材を育《はぐく》む教育者も、経済をリードする実業家も、生命を守る医師や看護師《かんごし》も、躍《おど》り出ているに違《ちが》いない。偉大《いだい》な芸術家もいれば、皆《みな》に勇気を送るアスリートもいる。地域に社会に貢献《こうけん》する民衆《みんしゅう》リーダーも光っているでしょう。

私は、ただただ楽しみなんです。

私は、君たちの未来を信じています。信じ抜《ぬ》いています。どうか皆《みな》さんも、自分の力《ちから》、自分の未来を信じて夢に挑戦《ちょうせん》してください。

皆《みな》さんの未来が限《かぎ》りなく開《ひら》かれ、輝《かがや》いていくよう、私も懸命《けんめい》に題目を送ります。

＊

――一九六九年（昭和四十四年）の「聖教新聞」の新年号に、五十年後を想像《そうぞう》する紙面が掲載《けいさい》されました。

火星に創価学園の建設予定地があったり、「創価海底《かいてい》大学」があったり……夢は大きいです。（笑い）

その一方で、「本部幹部会のテレビ中継《ちゅうけい》」「外国人が仏法を語るために来日」「翻訳機器《ほんやくきき》を使いながらの国際座談会《ざだんかい》」など、今では実現しているものも多くあります。当時は夢物語だった未来構想《こうそう》を、池田先生が一つ一つ現実にしてくださったのだと感動します。

名誉会長　社会は、どんどんスピードを増《ま》して発展している。今は「おとぎ話」であっても、五十年後には、当たり前のように現実となっていることもあるでしょう。

むしろ、今、みんなが心に描《えが》く〝想像図《そうぞうず》〟が、将来の現実になるのです。広布《こうふ》の未来になるのです。

日蓮大聖人《にちれんだいしょうにん》は、「未来の果《か》を知らんと欲《ほっ》せば其《そ》の現在の因《いん》を見よ」（御書二三一ページ）と教えてくださいました。

これまでがどうであっても、「今」から変えられる。「今」から未来へ、いくらでも新しい波を起こしていくことができる。

どんな困難《こんなん》も悠々《ゆうゆう》と乗り越《こ》えていく力《ちから》は、もともと、みんなの生命の中にある。湧《わ》き立たせることができるんです。

だからこそ、たとえ落胆《らくたん》することがあっても、不屈《ふくつ》の勇気を燃《も》やして、未来を思い描《えが》いてほしい。未来を見つめれば、視界《しかい》が広がる。希望の未来を見つめれば、今やるべきことも見えてくるのです。

アフリカの〝緑の大地の母〟ワンガリ・マータイ博士は、二〇〇五年に語り合った際《さい》、青年へのメッセージとして、こう言われました。

「未来は、ずっと先にあるわけではありません。『未来』は、『今』にあるのです。将来、実現したい何かがあるなら、今、そのために行動しなければなりません」

今回は、博士の人生を貫《つらぬ》いたこの言葉を、皆《みな》さんに贈《おく》ります。

――マータイ博士は、ケニア共和国出身の環境《かんきょう》学者です。祖国の森林破壊《はかい》に胸を痛め、

NGO(非政府組織)「グリーンベルト運動」を創設《そうせつ》しました。アフリカ各地に植えた苗木《なえぎ》は実《じつ》に四千万本に及《およ》びます。二〇〇四年には、ノーベル平和賞を受賞されました。

名誉会長　創価大学にもお迎《むか》えしました。創価の青年に限《かぎ》りない期待を寄《よ》せておられた一人です。

博士は、ケニア山を望《のぞ》む大自然の中で育ちました。アフリカ最高峰《さいこうほう》のナイロビ大学に学んで博士号を取得《しゅとく》し、大学で女性初の教授職となった努力の人です。

——博士の環境《かんきょう》保護の行動は、無理解《むりかい》からの偏見《へんけん》、中傷《ちゅうしょう》を浴《あ》び、何度も逮捕《たいほ》され、投獄《とうごく》されました。意識《いしき》不明になるまで、こん棒《ぼう》で殴《なぐ》られた経験もされています。

名誉会長　正義であるからこそ、偉大《いだい》であるからこそ、迫害《はくがい》される。いかなる迫害にも屈《くっ》せず、博士は戦い抜《ぬ》かれました。どんなにつらくても、何があっても、「未来」を見つめ、「希望」を手放《てばな》さなかったのです。

博士は高校生の時、素晴《すば》らしい先生方《がた》と出会いました。いろんなことを話し合い、若き博士を応援《おうえん》してくれた。心の交流は、卒業後も続いたそうです。

そして、この人間教育を通し、「どんな状況でも基本的に他人を信頼《しんらい》すること、人生や他人に対して肯定的《こうていてき》であること」という信念《しんねん》を持って成長できたと、振《ふ》り返っておられます。博士は、未来に対して、人間に対して、社会に対して、希望なきところにも希望を見《み》出《いだ》していくことを心に刻《きざ》みました。

みんなも、後《うし》ろを振り向いてクヨクヨしたり、人と比《くら》べて焦《あせ》ったり、できないことばかり考えて悲観《ひかん》したりすることはないんです。

後ろではなく「前」を向き、人をうらやまずに「自分らしく」、できないことではなく「今できること」から始めればいい。

持てる力《ちから》を全部、出し切る人が真《しん》の勝利者です。もうダメだと思うような時でもベストは尽《つ》くせる。誰《だれ》にでも努力はできる。

「未来」には、必ず希望がある。

「中等部」「高等部」も、学会の洋々《ようよう》たる未来を思い描《えが》きながら、私が結成したんだよ。

――高等部を結成していただいたのは一九六四年（昭和三十九年）六月、中等部は翌《よく》六五年の一月でした。

名誉会長　二〇一四年、一五年には、それぞれ五十周年を迎えるね。

一九六四年と言えば、東京オリンピックが開催《かいさい》された年です。この年の十二月、私は沖縄の地で小説『人間革命』の執筆《しっぴつ》を開始しました。

高等部を結成する際《さい》には、さまざまな意見があった。「未来のための布石《ふせき》も大切ですが、もっと優先《ゆうせん》すべきことがたくさんあるのではないか」と言う幹部もいた。

しかし、私は断言《だんげん》しました。

「三十年後、四十年後の学会をどうするのか。その時、学会の中核《ちゅうかく》になっているのが、今の高校生です」

未来部メンバーを育てない限《かぎ》り、広宣流布《こうせんるふ》の未来はない——これは、ずっと変わらない私の信念です。

うれしいことに、未来部メンバーは、広布と社会をリードする大人材に成長してくれた。

そして、私と共《とも》に学会を盤石《ばんじゃく》につくりあげてくれました。

今も、未来部への私の思いは全《まった》く変わりません。

いわば大誓堂《だいせいどう》の完成は、君と私の夢の出発点です。これからの毎日が、あなたと私の勝利のスタートラインです。

みんなと未来を見つめ、共《とも》に夢を描《えが》いていきたい。大誓堂《だいせいどう》から、みんなが世界へ羽《は》ばたいていく晴れ姿《すがた》を見守っていきたい――それが私の〝未来像〟なのです。

そのために、さらに道を開《ひら》き、さらに手を打っていく決心です。

＊

――「十一月は、学会の創立の月です。どのような意義《いぎ》があるのでしょうか」と質問を寄《よ》せてくれた高等部の部長がいます。

名誉会長　真剣《しんけん》な求道《きゅうどう》の心がうれしいね。

一九三〇年（昭和五年）の十一月十八日、偉大《いだい》な教育者であられた創価の父・牧口常三《つねさぶ》郎《ろう》先生は、ご自身の教育理念《りねん》をまとめた『創価教育学体系《たいけい》』の第一巻を発刊されました。

軍国《ぐんこく》主義の時代に、教育の目的は国家ではなく「子どもの幸福」にあると宣言したのです。

そして、この日が、学会の創立の日となりました。

牧口先生を陰《かげ》で支《ささ》えて発刊に力《ちから》を尽《つ》くしたのが、わが恩師《おんし》・戸田城聖《じょうせい》先生です。戸田先生は、牧口先生の原稿の整理から、出版に必要な多額の費用《ひよう》まで工面《くめん》し、師匠《ししょう》のために全《すべ》てを注《そそ》いだのです。

第二次世界大戦の真《ま》っただ中《なか》、牧口先生は信念《しんねん》を貫《つらぬ》き、国家神道《しんとう》を強要する軍部《ぐんぶ》政府に不当逮捕《たいほ》されました。

獄中《ごくちゅう》でも正義を叫《さけ》び抜《ぬ》き、一九四四年（昭和十九年）の十一月十八日、獄死《ごくし》されました。

牧口先生と共《とも》に投獄《とうごく》された戸田先生は、終戦の直前である四五年（同二十年）七月三日に出獄《しゅつごく》しました。そして、牧口先生の思いを継《つ》いで、学会の再建に着手されたのです。

法のため、人のために尽《つ》くし抜かれた、あまりにも尊《とうと》い生涯《しょうがい》でした。

牧口先生が牢《ろう》に入ると、それまで慕《した》っていた弟子たちが、悪口《わるくち》を言って次々と去っていきました。

しかし、真《しん》の弟子である戸田先生だけは、後《のち》に、「あなたの慈悲《じひ》の広大無辺《こうだいむへん》は、私を牢《ろう》獄《ごく》まで連れていってくださいました」と感謝したんです。

この、あまりにも崇高《すうこう》にして峻厳《しゅんげん》な不惜身命《ふしゃくしんみょう》の師弟の大道《だいどう》を、私もまた、断固《だんこ》として走り抜《ぬ》いてきました。

日蓮大聖人《にちれんだいしょうにん》は、「師子王は百獣《ひゃくじゅう》にをぢず・師子《しし》の子《こ》・又《また》かくのごとし」（御書一一九〇ジー）と仰《おお》せです。何があっても恐《おそ》れず、惑《まど》わず、師匠《ししょう》と共《とも》に戦い抜《ぬ》いていく——これが創価の師弟の魂《たましい》であり、根本《こんぽん》です。

この「師弟の魂《たましい》」で、学会は発展してきました。これからも、永遠《えいえん》に変わりません。大誓堂《だいせいどう》は、「師弟の魂《たましい》」を受け継《つ》ぎ、世界広宣流布《こうせんるふ》を誓《ちか》う〝大城《だいじょう》〟です。未来部の皆《みな》さんが、ここから出発する英姿《えいし》を、牧口先生、戸田先生も、会心《かいしん》の笑顔で見守ってくださることでしょう。

——創立の月、未来部担当者として、「師弟の魂《たましい》」を、さらにメンバーに伝えていきたいと決意しています。

名誉会長　担当者の皆《みな》さんには、本当に、いつもいつも、お世話になっています。感謝してもしきれません。皆《みな》さんの心の中に燃《も》えている「師弟の魂《たましい》」が、そのまま未来部の友に自然と伝わっていきます。

心から心に通《つう》じていくのです。魂《たましい》が魂と共鳴《きょうめい》するのです。

仕事で忙《いそが》しい中でも、疲《つか》れている時にも、学会精神を燃《も》やして、メンバーを激励《げきれい》するために足を運ぶ。自分が悩《なや》みを乗り越《こ》えながら、メンバーの相談にのり、共《とも》に祈《いの》る。これ以上、尊《とうと》い人材育成の実践《じっせん》が、どこにあるだろうか。

その行動が、その祈りが、「師弟の魂《たましい》」あふれる戦いです。若き生命に伝わらないわけがない。

創価学会の未来を、私と共《とも》に、常《つね》に私と同じ心で見つめてくれているのが、未来部の担当者の皆様方《みなさまがた》です。

さあ、栄光の「一一・一八」です。

創立の〝魂《たましい》のバトン〟を受け継《つ》ぐのは、他の誰《だれ》でもない。私が最《もっと》も期待《きたい》する、「世界広《こう》布《ふ》の新時代」の主役である、わが未来部の皆《みな》さんです。

皆《みな》さん一人ひとりが、創価の明るい未来そのものなのです。

※マータイ博士の言葉は、二〇〇五年二月十八日の会見で（扉も同）。『UNBOWED へこたれない ワンガリ・マータイ自伝』小池百合子訳（小学館）を参照。

20

御書があれば負けない

二十世紀ロシアを代表する文豪《ぶんごう》
ミハイル・ショーロホフ

大事なのは、その人の信念《しんねん》です。
ある目的へ向かって、
その人が目指《めざ》していく力《ちから》です。
信念のない人は、何もできやしません

「心に刻《きざ》む御文《ごもん》」を持とう！

——十一月二十四日（二〇一三年）に「教学部任用《にんよう》試験」が行《おこな》われました。多くの高等部員も真剣《しんけん》に挑《いど》みました。

名誉会長　ご苦労さま！　勉強やクラブ活動など、忙《いそが》しい中、本当によく頑張《がんば》ったね。何よりも尊《とうと》く、誇《ほこ》り高い挑戦《ちょうせん》です。

世界第一の生命哲学を学んだこと、それ自体が、自身の光り輝《かがや》く歴史です。

これからも、「行学《ぎょうがく》の二道《にどう》をはげみ候《そうろう》べし」（御書一三六一ジペー）の仰《おお》せを胸に、共々《ともども》に、祈《いの》り、学び、実践《じっせん》していこう。全員が「信心の勝利者」になり、「幸福と平和の博士」になっていこうよ！

受験者を励《はげ》まし、応援《おうえん》し、教学を教えてくれた担当者の皆《みな》さん、本当にありがとうございました。

＊

――未来部には、地域の座談会などで、「大白蓮華《だいびゃくれんげ》」の「巻頭言《かんとうげん》」や、「少年少女きぼう新聞」の「師子王御書《ライオンキングごしょ》」を拝読《はいどく》してくれるメンバーが多くいます。ある友からは、「学会の会合では、なぜ、いつも御書を学ぶのですか」という質問が届《とど》きました。

名誉会長　よく気がついたね！

学会は常《つね》に「御書根本《こんぽん》」で前進しています。御書には、人生を切り開《ひら》く勝利の哲学があります。最高の智慧《ちえ》の泉《いずみ》があり、不屈《ふくつ》の勇気を呼《よ》び覚《さ》ます力《ちから》があるんです。

私の恩師《おんし》・戸田城聖《じょうせい》先生は、数学の天才でした。その先生がよく〝「信《しん》」は「理《り》」を求《もと》め、「理」は「信」を深める〟と指導されていました。

「信心」に励《はげ》んでいくと、「なぜ願《ねが》いは叶《かな》うのか」「どうして題目を唱《とな》えるのか」という疑問がわき、「理論」が知りたくなる。その時に御書を学べば、「なるほど、そういうことか」と納得《なっとく》が生まれる。その「理論」が、「信心」をさらに深めてくれるんです。

日蓮大聖人《にちれんだいしょうにん》は、「法華経《ほけきょう》の文字は一字一字が全《すべ》て仏《ほとけ》です。しかし、私たちの肉眼《にくがん》には、ただの文字と見えるのです」（御書一〇二五ページ、趣意）と教えてくださっています。

題目を唱《とな》えつつ御書《ごしょ》を拝《はい》していけば、全《すべ》ての文字が「仏《ほとけ》の力用《りきゆう》」となって、皆《みな》さんの若き生命にグングンと吸収《きゅうしゅう》されていくんです。

御書《ごしょ》には、断固《だんこ》として正義を貫《つらぬ》き通す「信念《しんねん》」が光っています。どんな苦難《くなん》も必ず乗り越《こ》えられるとの「確信《かくしん》」が満《み》ちています。そして、生きていること自体が楽しいと感じられる「絶対的幸福」の道が示《しめ》されています。

ゆえに、御書《ごしょ》を学べば、断《だん》じて負けない師子王《ししおう》になれる。友に希望を贈《おく》る太陽になれる。世界平和を創《つく》る賢者《けんじゃ》になれるのです。

＊

――「御書《ごしょ》は古文だし、内容も難《むずか》しい」という声もあります。

名誉会長　そうだね。
私も、若き日の日記に「御書《ごしょ》を拝読《はいどく》。全《まった》く難《むずか》しい」「教学の度《たび》に思うことは、勉強不足である。勉学の必要を、深く深く感ずる」と書いた思い出があります。

それでも、戸田先生のもとで、必死に学んだ。先生の名代《みょうだい》として、御書《ごしょ》講義を何度も行《おこな》いました。疲《つか》れ切った体で家に帰った後も、必ず御書を開き、心に残った一節《いっせつ》を、日記に認《したた》める習慣《しゅうかん》も身につけました。

不思議《ふしぎ》なもので、若い時に生命に刻《きざ》みつけた御書《ごしょ》は、生涯《しょうがい》、忘《わす》れません。最初は意味が分からなくても、だんだん分かってきます。

今、世界中の友が求道心《きゅうどうしん》に燃《も》えて教学に挑戦《ちょうせん》しています。

確《たし》かに古文は難《むずか》しいけれど、海外のメンバーから見ると、御書《ごしょ》を日本語で声に出して拝《はい》読《どく》できる皆《みな》さんは恵《めぐ》まれているのです。

みんなは、学校でも古文に触《ふ》れる機会《きかい》があるからね。それは、御書《ごしょ》を学ぶ力《ちから》にもなる。また御書を学ぶことが、古文を勉強する際《さい》の力にもなる。

その上で、大切なことがあります。頭で法理《ほうり》を理解し、納得《なっとく》することは、もちろん大事です。それ以上に重要なこと——それは、御書《ごしょ》を「心に刻《きざ》む」「身で拝《はい》する」ことです。

——これは、メンバーのご家族や、地域の創価家族の方々《かたがた》が実践《じっせん》していることですね。

名誉会長　その通りだね。みんなのお父さん、お母さん方《がた》は、御書《ごしょ》の通りに実践《じっせん》し、大聖人《だいしょうにん》の御精神《ごせいしん》を現代によみがえらせているんです。

試練《しれん》にぶつかった時には、「なにの兵法《へいほう》よりも法華経《ほけきょう》の兵法をもちひ給《たま》うべし」（御書一一九二㌻）との一節《いっせつ》を思い出し、〝そうだ、策《さく》ではない。今こそ唱題《しょうだい》だ！〟と勇気を奮《ふる》い起こして、勝ち越《こ》えてきた同志の方々《かたがた》がたくさんいる。

〝自分なんて〟と弱気になっていた時に、「成仏《じょうぶつ》の『成』とは開《ひら》く義《ぎ》である」（御書七五三㌻、通解）という一節《いっせつ》を教わり、自身の無限《むげん》の可能性を開き、成長していった人も、いっぱいいる。

一節《いっせつ》でもいい。その一節を抱《だ》きしめながら、必死に祈《いの》り、努力を重《かさ》ねていけば、青春も人生も、絶対に開《ひら》ける。

そして、「御書《ごしょ》の通りにすれば、必ず勝てる」「この信心は、すごい」と心から確信《かくしん》できる。それが「心に刻《きざ》む」「身で拝《はい》する」ということです。

その一節《いっせつ》が、君の信念《しんねん》になる。

その一節《いっせつ》が、あなたの生き方になる。

「大好きな御書《ごしょ》の一節《いっせつ》」を持つ人は強いんです。苦難《くなん》にあっても、無敵《むてき》になるんです。

いい機会だから、家族や先輩《せんぱい》に、「好きな一節《いっせつ》は何？」と質問してみてはどうかな。きっと、体験をまじえて、教えてくれるよ。

＊

――それは、一人ひとりの人生の誉《ほま》れある信念《しんねん》の御聖訓《ごせいくん》ですね。

名誉会長　私が初めてロシアを訪問した折《おり》（一九七四年）、作家のミハイル・ショーロホフ氏（一九〇五年〜八四年）と語り合いました。その折の氏の言葉が忘《わす》れられない。

「大事なのは、その人の信念《しんねん》です。ある目的へ向かって、その人が目指《めざ》していく力《ちから》です。信念《しんねん》のない人は、何もできやしません」

今回は、この言葉を贈《おく》ります。

人は名誉《めいよ》や地位で偉《えら》いのではない。偉大《いだい》な信念《しんねん》を持った人が、真《しん》に偉大な人です。妙法《みょうほう》の信仰《しんこう》は「究極《きゅうきょく》の信念」の道なんです。

――ショーロホフ氏は、ノーベル文学賞を受賞した、二十世紀ロシアを代表する文豪《ぶんごう》です。代表作は『静かなドン』『人間の運命』。池田先生は、お孫《まご》さんとも麗《うるわ》しい交流を結《むす》ばれています。氏の生誕《せいたん》百周年を慶祝《けいしゅく》する「記念メダル」が、池田先生に贈《おく》られています（二〇〇八年十二月）。

名誉会長　庶民《しょみん》の中に入り、歴史の大河《たいが》を描《えが》き続けた偉大《いだい》な文豪《ぶんごう》でした。いかなる中傷《ちゅうしょう》も、苦難《くなん》も、信念《しんねん》で乗り越《こ》えてこられた獅子《しし》です。

ロシア南部のドン地方のさびれた村で生まれ育ち、激《はげ》しい戦争のゆえに中学を卒業できませんでした。戦争が終わり、十七歳になった氏は、勉強するためにモスクワに行きます。ところが、学校に入ることができず、厳《きび》しい労働で生活費を工面《くめん》しました。

それでも、氏は負けませんでした。独学《どくがく》で学び、作品を書き、同じ夢を持つ友と語り合いました。そして、十八歳で、自分の書いた作品が初めて活字《かつじ》になり、世《よ》に出たのです。氏の向学心《こうがくしん》や創作意欲《そうさくいよく》を高めてくれたのは、偉大な作家の作品でした。トルストイやチエーホフ、プーシキン、ゴーリキー、ゴーゴリなど、先人の言葉が逆境《ぎゃっきょう》の氏を励《はげ》まし、燃《も》え上がらせたのです。
いかにつらい環境《かんきょう》でも、学び抜《ぬ》き、希望の光を見出《みいだ》し、成長の活力に変えていく――まさに、「学《がく》は光《ひかり》」です。

*

――ある男子部のリーダーは、幼《おさな》いころから両親のけんかが絶《た》えず、生活も苦しかったといいます。高校生のころから荒《あ》れて、遊び回る毎日を送るようになりました。
高校三年生の時、未来部の担当者が家にやってきます。彼は拒否《きょひ》しますが、何度も何度もやってくる。（笑い）
その時に教わったのが、「冬は必ず春となる」（御書一二五三ジペー）の一節《いっせつ》でした。心に希望の火がともりました。
その後、真剣《しんけん》に信心に取り組んでいきます。そして、自分の宿命《しゅくめい》を、友を励《はげ》ます使命《しめい》に変えながら、社会で実証《じっしょう》を示《しめ》してきました。今は一家の和楽《わらく》も勝ち取り、喜《よろこ》びの「春」を実感しています。

名誉会長　うれしいね。担当者の方《かた》の決してあきらめない真心《まごころ》の激励《げきれい》も、本当にありがたい。

いかなる不幸の闇《やみ》も照《て》らす希望の光こそ、御書《ごしょ》です。全国の学会員、そして全世界のSGIメンバーの躍動《やくどう》する姿《すがた》が、それを証明《しょうめい》しています。

みんなも、これから先、さまざまな悩《なや》みの壁《かべ》に突《つ》き当《あ》たることでしょう。「祈《いの》っているのに、なぜ？」「どうして願《ねが》いが叶《かな》わないの？」と、疑問に思ってしまうことも、あるかもしれない。

その時こそ、御書《ごしょ》を開《ひら》くんです。御書を拝《はい》し、学ぶことは、日蓮大聖人《にちれんだいしょうにん》の大生命に触《ふ》れることです。勇気が湧《わ》かないはずがない。無限《むげん》に智慧《ちえ》が湧き、大いなる希望が湧く。

そして、誓《ちか》いも新たに、題目を唱《とな》え、現実に立ち向かっていくんです。

＊

――「池田先生の好きな御書《ごしょ》は何ですか」という質問も寄《よ》せられています。

名誉会長　たくさん、あります。「座右《ざゆう》の御書《ごしょ》」の一つに、戸田先生から、「この御書は、絶対に命《いのち》に刻《きざ》んでおけ。学会の闘士《とうし》は、この一節《いっせつ》を忘《わす》れるな！」と教わった「御義口伝《おんぎくでん》」の一節があります。

「一念《いちねん》に億劫《おくごう》の辛労《しんろう》を尽《つく》せば本来無作《ほんらいむさ》の三身《さんじん》念念《ねんねん》に起《おこ》るなり所謂《いわゆる》南無妙法蓮華経《なんみょうほうれんげきょう》は精進《しょうじん》行《ぎょう》なり」（御書七九〇ページ）

「本来無作《ほんらいむさ》の三身《さんじん》」とは、自身にもともと具《そな》わっている仏《ほとけ》の生命です。その生命を、瞬《しゅん》間《かん》、瞬間、開《ひら》き現していくためには、一念《いちねん》に「億劫《おくごう》の辛労《しんろう》」（無限《むげん》ともいうべき長い間にわたる辛労）を尽《つ》くすしかない。私たちが題目を唱《とな》えて戦うことは、その「億劫の辛労」に匹《ひっ》敵《てき》する勇気と智慧《ちえ》を尽くしていることになるのです。

私は、どんな戦いであっても、この御文《ごもん》を支《ささ》えにしてきました。一瞬《いっしゅん》に永遠《えいえん》を凝縮《ぎょうしゅく》するような思いで唱題《しょうだい》し、全《すべ》てを乗り越《こ》え、勝ち越えてきました。

また、あの地、この地で、皆《みな》さんのご家族と共《とも》に拝《はい》してきた、「開目抄《かいもくしょう》」の一節《いっせつ》も大好きです。

「我並《われなら》びに我《わ》が弟子・諸難《しょなん》ありとも疑《うたが》う心なくば自然《じねん》に仏界《ぶっかい》にいたるべし」（御書二三四ページ）

正しいからこそ難《なん》にあう。ゆえに何があっても疑《うたが》わず、いよいよ信心を燃《も》え上がらせて、前進し抜《ぬ》いていけば、必ず変毒為薬《へんどくいやく》できる。

我並《われなら》びに我《わ》が弟子——師弟です。師弟が同じ誓《ちか》いに立てば、突《つ》き抜《ぬ》けられない悩《なや》みなどない。確実に栄光のゴールにたどり着くことができる。

この御文《ごもん》を根本《こんぽん》に、学会は大発展してきました。創価の師弟は、一切に勝利しました。これからも、ますます大勝利していくんです。

さあ、世界広布《こうふ》の新時代がやってきました。

次代《じだい》を開《ひら》く、未来の主役であるみんなが、御書《ごしょ》という最強の哲学を携《たずさ》えて、世界平和の舞台《ぶたい》へ躍《おど》り出て大活躍《だいかつやく》することを、私は祈《いの》り、待っています！

※ショーロホフ氏の言葉は、一九七四年九月十六日の会見で（扉も同）。『ショーロホフ短編集』小野理子訳（光和堂）、『筑摩世界文學大系 76 ショーロホフ Ⅰ』江川卓訳（筑摩書房）、Ｆ・ビリュコーフ編・横田瑞穂監修『ショーロホフと現代』秋山勝弘訳（プログレス出版所）を参照。

21

勇気の一歩で世界へ

南アフリカ元《もと》大《だい》統《とう》領《りょう》
ネルソン・マンデラ

大きな山を越《こ》えてわかるのは、
行く手にもっともっとたくさんの
越えるべき山があることだけ

新時代はみんなから開幕《かいまく》！

名誉会長　希望あふれる新年（二〇一四年）の太陽が昇《のぼ》りました。

未来部の皆《みな》さん！　あけましておめでとう！

世界の、あの地この地のＳＧＩの未来部からも、「元気に新年をスタートします」との連絡が、どんどん入ってきています。

――「世界広布《こうふ》新時代　開幕《かいまく》の年」である本年は、未来部結成五十周年の佳節《かせつ》でもあります（一九六四年六月七日、高等部が結成）。新時代の主役である未来部のメンバーは、張り切っています。

名誉会長　うれしいね。ぜひ、「未来部新時代　開幕《かいまく》の年」にも、していこうよ！

私の恩師《おんし》・戸田城聖《じょうせい》先生は、未来の宝《たから》である学会っ子たちに、期待《きたい》を込めて語りかけてくださいました。

「将来、誰《だれ》もが幸せをかみしめることができて、国境や民族の壁《かべ》のない地球民族主義の平和な世界を築《きず》かねばならない。みんなは、きょうのこのおじさんの話を忘《わす》れないで、少しでも、この夢を実現してほしい」

戸田先生は、目の前の子どもたちと、一人の大人として向き合い、心から大事にされた。「地球民族主義」という壮大《そうだい》な構想《こうそう》を、真剣《しんけん》に語られました。

先生には、一つの絶対の確信《かくしん》がありました。「世界最高の仏法を持《たも》った青年は、すでに世界的指導者である」という一点です。

戸田先生は、未来ある若い人材を信頼《しんらい》し、世界広布《こうふ》の偉大《いだい》な使命《しめい》を教えてくださったのです。

仏法では、末法《まっぽう》の広宣流布《こうせんるふ》を担《にな》う存在を、「地涌《じゆ》の菩薩《ぼさつ》」と説《と》いています。

みんなは、この「地涌《じゆ》の菩薩《ぼさつ》」という言葉を知っているかな？　座談会《ざだんかい》で耳にしたり、任用《にんよう》試験で学んだりしたメンバーもいるでしょう。

＊

――世《よ》の中が乱《みだ》れる時代に、師匠《ししょう》である釈尊《しゃくそん》に代《か》わって仏法を弘《ひろ》め、人類を救《すく》うことを誓《ちか》ったのが、法華経《ほけきょう》に登場する「地涌《じゆ》の菩薩《ぼさつ》」です。大地から涌《わ》いて出てきた菩薩《ぼさつ》なので、こう呼《よ》ばれています。

名誉会長　「地涌《じゆ》の菩薩《ぼさつ》」は、一人ひとりが黄金《おうごん》の輝《かがや》きを放《はな》ち、まるで仏《ほとけ》のような姿《すがた》をしている。あまりにも荘厳《そうごん》なので、それまで仏の説法《せっぽう》を聞いていた優秀《ゆうしゅう》な人々ですら、驚《おどろ》きを隠《かく》せないほどでした。

智慧《ちえ》は豊《ゆた》かで、志《こころざし》が固く、求道《きゅうどう》の心にあふれている。対話も上手《じょうず》で、見た目も端正《たんせい》で頼《たの》もしい。

皆《みな》が、民衆《みんしゅう》を幸福へと導《みちび》くリーダーで、それぞれが数え切れないほどの友を引き連れていると、法華経《ほけきょう》には説《と》かれています。

その行動の舞台《ぶたい》は、現実の世界です。悩《なや》める民衆《みんしゅう》、苦《くる》しむ友の心の闇《やみ》を、勇気と希望と智慧《ちえ》の光で明るく照《て》らしていく――それが、「地涌《じゆ》の菩薩《ぼさつ》」です。

そして、「地涌《じゆ》の菩薩《ぼさつ》」は、正しい仏法を世界中に弘《ひろ》めていくことを、師匠《ししょう》に誓《ちか》うのです。

これほどまでに尊貴《そんき》な「地涌《じゆ》の菩薩《ぼさつ》」とは、一体、誰《だれ》のことでしょうか。

それは、まぎれもなく、皆《みな》さんのお父さん、お母さんをはじめ、わが学会の同志の方々《かたがた》です。

乱《みだ》れた世《よ》には、正しいことをする人に対し、意地悪《いじわる》をする人がいる。そのなかで、難《なん》を受けながら仏法を弘《ひろ》め、現実に人を救《すく》い、広宣流布《こうせんるふ》しているのは、わが創価学会しかありません。

実《じつ》は、皆《みな》さんも、この「地涌《じゆ》の菩薩《ぼさつ》」の誓《ちか》いを持って生まれてきた一人ひとりなんだよ。

＊

――中には、「僕《ぼく》なんて、成績だって良くないし、違《ちが》います」「私は、そんなに立派《りっぱ》じゃありません」というメンバーもいるかもしれません。（笑い）

名誉会長　今は、そう思うかもしれないね。でも、仏法を持《たも》った皆《みな》さんは限《かぎ》りなく尊《とうと》く、偉大《いだい》な人なのです。
日蓮大聖人《にちれんだいしょうにん》は、「今、日蓮およびその門下が、南無妙法蓮華経《なんみょうほうれんげきょう》と唱《とな》えるのは、全《すべ》て地涌《じゆ》の菩薩《ぼさつ》の流類《るるい》（仲間）なのである」（御書七五一ジベー、通解）、「皆《みな》、地涌の菩薩の出現でなければ、唱えることのできない題目なのである」（御書一三六〇ジ゙ペー、通解）と仰《おお》せです。

大聖人の御遺命《ごゆいめい》である世界広宣流布《こうせんるふ》を進める創価学会の中で、みんなは題目を唱《とな》えながら、自分らしく努力を重《かさ》ねている。その姿《すがた》は、みんなが「地涌《じゆ》の菩薩《ぼさつ》」である何よりの証《しょう》拠《こ》なんです。

題目を唱《とな》える人は――

無限《むげん》の可能性《かのうせい》を開《ひら》いていける。

泉《いずみ》の如《ごと》き智慧《ちえ》を湧《わ》かせられる。

輝《かがや》く英姿《えいし》で友に希望を贈《おく》れる。

若くして妙法《みょうほう》を持《たも》ち、勉学に挑戦《ちょうせん》する君の眼前《がんぜん》には、すでに世界への扉《とびら》が開《ひら》かれているんです。

真剣《しんけん》に唱題《しょうだい》に励《はげ》み、友のために行動するあなたの行くところは、世界のいずこの地も、そこが自分を輝《かがや》かせる最高の天地なんです。

新時代を迎《むか》えたこの時に、未来部として学んでいるみんなには、世界の指導者として羽《は》ばたきゆく大使命《だいしめい》が厳然《げんぜん》とあるんだ。

れています。

＊

――女子未来部のメンバーから、「世界のいろんな場所で、人々に会って、夢や希望について話がしたいです。そのために今、私は何をすればいいですか」という質問が寄《よ》せられています。

名誉会長　素晴《すば》らしい！

勉強、語学の習得《しゅうとく》、読書、心身の錬磨《れんま》――世界に雄飛《ゆうひ》しゆく皆《みな》さんにとって、今すべきことは、たくさんあるでしょう。しかし、決して焦《あせ》る必要はありません。「千里《せんり》の道も一歩から」です。地道《じみち》な一歩一歩が、必ず将来の大成《たいせい》につながっていきます。

私は皆《みな》さんに、昨年（二〇一三年）十二月、九十五歳で亡《な》くなられた南アフリカの元大《もとだい》統領《とうりょう》、ネルソン・マンデラさんの自伝《じでん》の言葉を贈《おく》りたい。

「わたしは、ひとつの大きな山を越《こ》えてわかるのは、行く手にもっともっとたくさんの越えるべき山があることだけだという真理《しんり》を発見した」

目の前の山を登れば、さらに雄大《ゆうだい》な景色が広がる。いくつも山が連《つら》なっているのが見える。その山々は、君にしか越《こ》えられない〝使命《しめい》の山〟です。

ならば、また一つ、山を登ればいい。全力で登り切れば、そこにはまた雄大《ゆうだい》にして新たな景色が広がっているのです。

青春は、挑戦《ちょうせん》また挑戦です。この不屈《ふくつ》の連続闘争《とうそう》の人が、真《しん》の勝利者なのです。

＊

――マンデラ元大統領《もとだいとうりょう》は、南アフリカのアパルトヘイト（人種隔離《かくり》）政策《せいさく》と闘《たたか》い抜《ぬ》いた偉人《いじん》です。

二十七年半に及《およ》ぶ投獄《とうごく》を経《へ》て、南ア初の黒人大統領《だいとうりょう》に選ばれると、異《こと》なる人種《じんしゅ》が融和《ゆうわ》する「虹《にじ》の国」づくりを進めました。

池田先生とは、二度、会見されていますね（一九九〇年と九五年）。

名誉会長　何があっても屈《くっ》しない「正義の巌窟王《がんくつおう》」でした。その実像は、誰《だれ》をも慈愛《じあい》で包《つつ》み込む「人道《じんどう》の闘士《とうし》」でした。

マンデラさんが、一万日に及《およ》ぶ獄中闘争《ごくちゅうとうそう》を勝ち越《こ》えて、出獄《しゅつごく》した八カ月後（一九九〇年十月）、東京・信濃町《しなのまち》の聖教新聞社で、多くの青年たちと共《とも》に、盛大《せいだい》にお迎《むか》えしました。お会いした時の、あの「マンデラ・スマイル」を忘《わす》れることができません。

マンデラさんは、出獄《しゅつごく》の日から、すぐに行動を開始しました。各地を飛び回り、〝全《すべ》ての人々が仲良く暮《く》らせる社会を創《つく》ろう〟と、民衆《みんしゅう》に訴《うった》えていきました。

「のんびりしてはいられない。わたしの長い道のりは、まだ終わっていないのだから」と、休むことなく、自由を勝ち取る道を歩《あゆ》み抜《ぬ》きました。まさに、目の前に次々と現れる〝使命《しめい》の山〟を踏破《とうは》し続けたのです。

マンデラさんのように、みんなも目の前の山を、忍耐《にんたい》と負けじ魂《だましい》で登り切ってほしい。そうすれば必ず、素晴《すば》らしい理想の峰《みね》が見えてきます。

＊

――青春時代は、さまざまな苦難《くなん》の山、悩《なや》みの山、課題の山との戦いの連続かもしれません。

名誉会長　そうだね。だからこそ、「勇気の一歩」が大切です。

マンデラさんが、皆《みな》さんと同じ十代の日に、心に刻《きざ》まれた指針《ししん》は、「勇気を持って立ち向かえ」というものでした。

つまり、何か問題が起きた時に、臆病《おくびょう》になって逃げ出してしまえば、いつまでも問題は、とどまってしまう。そうではなく、勇気を持って、その問題に取り組むのだ。立ち向かうのだ――と。

マンデラさんは、この教訓を決して忘《わす》れなかったといいます。

自分の弱い心を一つ一つ制覇《せいは》して、「勇気の心」を強く大きくしていったからこそ、差《さ》別《べつ》や迫害《はくがい》、壮絶《そうぜつ》な獄中《ごくちゅう》生活といった、あらゆる苦難《くなん》を勝ち越《こ》えることができたのです。

その挑戦《ちょうせん》の日々が、世界中が讃《たた》えてやまない「マンデラ」という偉人《いじん》をつくりあげていったに違いない。

恐《おそ》れを知らないことが「勇気」ではありません。恐れを感じても、それに負けないでチャレンジし続けることが、真《しん》の「勇気」なんです。その人が、世界を変えてゆくのです。

――「いつの日か、池田先生のように、世界平和のため、民衆の幸福のために行動していきたいと思っています。そのためには、世界を舞台《ぶたい》に働く職業に就《つ》くべきでしょうか」という具体的な質問もありました。

＊

名誉会長　もちろん、私は、みんなに世界で活躍《かつやく》する人材に成長してほしい。しかし、それは単に、「海外に行く」「世界を相手に仕事をする」というかたちだけを指《さ》しているのではない。

自分が今いる場所で、堂々《どうどう》と生き抜《ぬ》くことが、世界広布《こうふ》の根本《こんぽん》です。「ずっと国内にいるから、私は世界広布に貢献《こうけん》していない」などと思う必要は全《まった》くありません。

先日、未来部と交流したＳＧＩメンバーから、感動の声が届《とど》いていたよ。未来部が御書《ごしょ》を学んでいることに驚《おどろ》き、「早速《さっそく》、国に帰ったら、未来部メンバーと実践《じっせん》します」と言っていました。

みんなの頑張《がんば》る姿《すがた》が、世界中に大きな影響《えいきょう》を与《あた》えていく。

今、情報化も急速に進み、どんどん世界は近くなり、結《むす》ばれています。どこにいても、どんな立場であろうと、皆《みな》さんの時代は、世界が相手です。

だからこそ、どこまでも理想を高く掲《かか》げることです。「私は世界広布《こうふ》をする」と決めることだ。その祈《いの》りが、叶《かな》わないわけがない。

みんなは、人々に笑顔を贈《おく》り、幸福を贈るために生まれてきたのだから——。

みんなには未来がある。無限《むげん》の可能性《かのうせい》がある。みんなのために、私は道を開《ひら》き続けてきました。

日本の、そして、世界の広宣流布《こうせんるふ》を、よろしくお願《ねが》いします。

「世界広布《こうふ》新時代」とは、みんなが、地涌《じゆ》の使命《しめい》を自覚《じかく》して、世界中に、希望と勇気を贈《おく》りゆく人へと大成長していく、創価後継《こうけい》の晴れの舞台《ぶたい》なのです。

※マンデラ元大統領の言葉は、『自由への長い道——ネルソン・マンデラ自伝 下』東江一紀訳（日本放送出版協会。扉も同）、『ネルソン・マンデラ 私自身との対話』長田雅子訳（明石書店）。

22

師弟に勝《まさ》るものはなし ㊤

インドの大詩人
タゴール
人は偉大《いだい》な人を見ることで、
自分自身も偉大であることを知る

最高の「人間向上の道」を共《とも》に

――こよみの上では二月四日が「立春《りっしゅん》」、春が立つ日です。まだまだ寒い日が続きますが、未来部メンバーは、「希望の春」「勝利の春」へ挑戦《ちょうせん》しています。

名誉会長　冬が厳《きび》しいからこそ、春の喜びは大きい。受験生の皆《みな》さんの奮闘《ふんとう》も、よく伺《うかが》っています。

厳寒《げんかん》の二月生まれ（十一日）である私の恩師《おんし》・戸田城聖《じょうせい》先生は、大教育者でした。

先生は、ある冬の受験の当日、会場の前で、一人の教え子を温かく励《はげ》まされました。

「落ち着いて、よく考えて問題に取り組むんだぞ。大丈夫《だいじょうぶ》だ！」

その受験生は、ずっと戸田先生が見守ってくれているようで、勇気を持って全力を出し切ることができたと言います。

私も、受験生の一人ひとりが、ベストを尽《つ》くして、新たな希望の道を勝ち開《ひら》いていけるよう、真剣《しんけん》に題目を送り続けています。

みんな、風邪《かぜ》などひかないようにね。

しっかり食事と睡眠《すいみん》をとって、努力の成果を度胸《どきょう》よく発揮《はっき》していくんだよ！

＊

――戸田先生は、一九〇〇年の生まれです。

今の中等部の皆《みな》さんとは、ちょうど百歳ちがいです。

名誉会長　そうだね。戸田先生は二十世紀の開幕《かいまく》に誕生《たんじょう》されて、二十世紀を照《て》らされました。

そして皆《みな》さんは、二十一世紀の開幕《かいまく》に躍《おど》り出て、これから二十一世紀を明々《あかあか》と照《て》らしていくんだよ。

戸田先生が、どんな贈《おく》り物よりも喜《よろこ》ばれたのは、弟子の成長であり、弟子の勝利の報告でした。

ゆえに、私は青年時代から師匠《ししょう》の誕生《たんじょう》の月を、弟子の成長、弟子の勝利で荘厳《そうごん》するのだと、常《つね》に新たな戦いを起こしてきました。

――池田先生から、戸田先生のことを伺《うかが》うたびに、「師弟の道」の崇高《すうこう》さに感動します。メンバーからは「師弟の道とは」「なぜ師弟が大事なのですか」という質問が寄《よ》せられています。

名誉会長　「師弟の道」といっても、特別なことではありません。

空には、鳥の飛ぶ道があります。

海には、魚の泳ぐ道があります。

人には、人の歩《あゆ》む道があります。

人間が、最《もっと》も人間らしく、価値《かち》ある人生を歩《あゆ》み、向上していくための道が、「師弟の道」なのです。

学問でも、芸術でも、スポーツでも、それぞれに「道」を教えてくれる師匠《ししょう》の存在があります。

——学校の先生も、「教師」。「教える師《し》」と書きますね。

＊

名誉会長　そうです。

私にとって、仏法の道、正しい人生の道を教えてくださった師《し》が、戸田先生なのです。残酷《ざんこく》な戦争が終わった時、きのうまで「国のために命《いのち》を捨《す》てよ」と言っていた大人たちが、一変《いっぺん》しました。

世《よ》の中には、突然《とつぜん》、「平和」「自由」「平等《びょうどう》」「民主主義」「個人の幸福」「豊《ゆた》かな生活」など、いろんな考え方《かた》や価値観《かちかん》が語られ始めたのです。

何が正しいのか。誰《だれ》が信じられるのか。進むべき道が、全《まった》く見えてこない時代でした。一面から言えば、インターネット等によって、情報が洪水《こうずい》のようにあふれている現代と相《あい》通《つう》じるかもしれません。

私は、自分なりに懸命《けんめい》に本を読み、友人たちとも学び、語り合いながら、「正しい人生とは」という問《と》いに明確《めいかく》に答えてくれる師匠《ししょう》を、ずっと求《もと》めていました。

戸田先生と初めてお会いした日、先生は、十九歳の私の質問に、慈愛《じあい》をもって誠実《せいじつ》に答えてくださった。そして、青年らしく仏法の道を歩《あゆ》み始めることを勧《すす》めてくださったのです。心から感動しました。仏法の難《むずか》しいことは分かりませんでしたが、先生のお人柄《ひとがら》を、いっぺんに大好きになりました。

戦争中、迫害《はくがい》されて牢獄《ろうごく》に二年間も囚《とら》われながら、正義と平和の信念《しんねん》を貫《つらぬ》き通された勇気に、私は、この方《かた》なら信じられると直感したのです。

今でも、先生のことを思えば、心が明るくなります。力《ちから》が湧《わ》いてきます。どんなに大変なことがあっても「私は戸田先生の弟子だ。さあ、かかってこい」と心が燃《も》え上がるのです。

――師匠《ししょう》を持つことは、青年が最《もっと》も強くなれる道なんですね。

名誉会長　うれしい悲しい、楽しいつらい……心は常《つね》に揺《ゆ》れ動きます。青春時代は、なおさらだ。

御書《ごしょ》に「心の師《し》とはなっても、自分の心を師としてはならない」（一〇八八ジペー、通解）とあります。

自分の心を中心に、わがまま放題《ほうだい》に生きれば楽しいかもしれない。しかし、結局、心がいつも揺《ゆ》れ動いて迷走《めいそう》してしまう。

だから、揺《ゆ》るぎなき「心の師《し》」をもつことが大切です。私の心には、常《つね》に戸田先生がおられます。今でも、毎日、対話しています。

先生なら、どうされるか、どうすれば、先生に喜《よろこ》んでいただけるか――。

心に、この原点があるから何も迷《まよ》わない。何も怖《こわ》くありません。

「師弟の道」とは、最高の「人間の道」です。正義の道であり、希望の道です。幸福の道であり、勝利の道です。

＊

――歴史を見ても、偉大《いだい》な人物には必ず、偉大な師《し》がいました。

名誉会長　古代ギリシャの大哲学者プラトンには、ソクラテスという師匠《ししょう》がいた。日本の明治維新《いしん》の道を開《ひら》いた高杉晋作《しんさく》には、吉田松陰《しょういん》がいた。その松陰には佐久間象山《しょうざん》という師《し》がいた。アメリカの人権《じんけん》の闘士《とうし》キング博士にはメイズ学長という師がいた。

私が出会ってきた世界の指導者たちにも、必ず「師匠《ししょう》」がいました。そして皆《みな》、自分を育ててくれた師に感謝を忘《わす》れない、偉大《いだい》な人物でした。

「師匠《ししょう》」は、弟子を自分以上の人材にしようと育《はぐく》んでくれます。良い師匠につけば、弟子は自分が持っている本来の力《ちから》に目覚《めざ》め、その力を思う存分《ぞんぶん》に発揮《はっき》していくことができるのです。

「人は偉大《いだい》な人を見ることで、自分自身も偉大であることを知る」

これは、インドの大詩人タゴールの言葉です。タゴールにも、学生時代に、師《し》の存在がありました。

今回は、みんなに、この言葉を贈《おく》ります。

＊

――タゴールは、アジアで初のノーベル文学賞を受賞しました。

池田先生には、タゴールの精神を継承《けいしょう》する二つの大学から「名誉《めいよ》文学博士号」が贈《おく》られています。

タゴールの生家を土台に築《きず》かれたラビンドラ・バラティ大学のムカジー元《もと》副総長《ふくそうちょう》とは、タゴールをめぐって対談もされました。

名誉会長　ムカジー博士は、若くして夫を亡《な》くされながらも一人娘を育て、タゴールの教えを探究《たんきゅう》して生き抜《ぬ》かれた立派《りっぱ》な女性です。

インド最高峰《さいこうほう》の教育者であり、政治哲学者でもありました。

このムカジー博士も敬愛《けいあい》してやまなかったタゴールは、意外なことに、青春時代は、あまり勉強が好きではなかったようです。裕福《ゆうふく》な家庭だったので、家で教育を受けました。でも、当時の格式《かくしき》ばった厳格《げんかく》な教育が合わなかったのです。

教師がやってきて勉強が始まると、いつも、襲《おそ》ってくる眠気《ねむけ》との戦いになった（笑い）。起きていても、どこからか聞こえてくる音楽に耳を傾《かたむ》けていた。仮病《けびょう》を使って、サボったこともあった。（大笑い）

しかし、タゴールには、詩作《しさく》の才能《さいのう》がありました。それを知った一人の学校の先生が、ある日、彼を呼《よ》び出しました。

〝怒《おこ》られるんじゃないか〟と思いつつ、恐《おそ》る恐る部屋に入ると、先生は親《した》しげに、「君は詩を書くんだね！」と語りかけ、その詩を褒《ほ》めてくれたのです。

先生は、最上級のクラスに、タゴール少年を連れて行き、皆《みな》の前に立たせて、「さあ朗《ろう》読《どく》してごらん」と告《つ》げました。

タゴールは高らかに読み上げました。あまりの素《す》晴《ば》らしさに、〝この小さな少年に、ここまでの詩を創《つく》れるはずがない〟と、皆《みな》、信じてくれないほどでした。

自分の力《ちから》を認《みと》めてくれた先生の存在が、タゴールの才能《さいのう》を開花させました。

そして、その後も努力に努力を重《かさ》ねて、世界から「詩聖《しせい》」と仰《あお》がれる人になったのです。

タゴール自身、教育にも力《ちから》を注《そそ》ぎ、学園を創立しています。そこから、優秀《ゆうしゅう》な人材が陸《りく》続《ぞく》と巣立《すだ》っていきました。

人間と人間の人格の錬磨《れんま》が、何よりも重要だと信じていたのです。

良き師《し》は良き弟子を育《はぐく》みます。

良き弟子は、いつか良き師《し》となって、また良き弟子を育《はぐく》んでいく。

真《しん》の「師弟」には、永遠性《えいえんせい》があるのです。

――未来部員にもよく読まれている作家の井上靖《やすし》氏が、池田先生との対談（『四季の雁《がん》書《しょ》』）の中で「もし恩師《おんし》がなかったとしたら、今日《こんにち》の自分は無《む》にひとしい存在であったに違《ちが》いないといったことを（池田先生が）お書きになっているのを記憶《きおく》しております。本当の師弟《してい》の関係というものは、そういうものであろうと思います」と深い感動をもってつづっています。

＊

名誉会長　私は、小さい時から体が弱かった。戦争のせいで、思うように学校にも通《かよ》えなかった。

父はリウマチに苦しみ、兵隊にとられていた四人の兄たちも、なかなか戦地から戻《もど》らなかったので、肺病《はいびょう》の私が懸命《けんめい》に働いて一家を支《ささ》えていました。

その私が、戸田先生のおかげで仏法を知り、正しい人生を教わり、ここまで生きることができました。恩師《おんし》によって、自分の持てる力《ちから》を最高最大に開花できたのです。

師匠《ししょう》の大恩《だいおん》に報《むく》いるため、生きておられる時には、恩師《おんし》に命《いのち》をささげる思いで守り抜《ぬ》きました。そして恩師の亡《な》き後は、先生が一番大事にされた学会と同志に尽《つ》くし抜きました。師匠《ししょう》とは、ありがたいもので、そうした弟子の心を、全《すべ》て分かってくださるものです。戸田先生が最大の苦境《くきょう》にあられた時のことです。私は弟子の誓《ちか》いを和歌に託《たく》し、先生に贈《おく》りました。

古《いにしえ》の
　奇《く》しき縁《えにし》に
　　仕《つか》へしを
人は変《かわ》れど
　われは変らじ

師弟は、今この時代に決まったのではない。ずっと昔から決まっていたのだから、私の心は変わらない──「永遠《えいえん》に、先生と共《とも》に！」との真情《しんじょう》を託《たく》しました。周《まわ》りには、身は仕《つか》えているようでも心が崩《くず》れ、裏切《うらぎ》っていった人間もいました。

この歌に、先生は返歌《へんか》を詠《よ》んでくださいました。

幾度《いくたび》か
戦《いくさ》の庭に
起《た》てる身の
捨《す》てず持《たも》つは
君の太刀《たち》ぞよ

君がいてくれれば、それでよい——歌に込められた戸田先生の心が、私の全身を電流のように貫《つらぬ》きました。一生涯《いっしょうがい》、先生の太刀《たち》となって戦おう！——こう深く心に誓《ちか》いました。

そして私は先生とお約束したことを全部、成《な》し遂《と》げてきました。

創価の師弟《してい》は勝ちました！

厳然《げんぜん》と未来に、勝利また勝利の歴史を残しました。

今の私には、未来部の皆《みな》さんがいます。私が、学園生に詠《よ》んだ和歌を、今回、あらためて愛弟子《まなでし》の君たちに贈《おく》ります。

この世《よ》にて
師弟に勝《まさ》る
ものはなし
君よ 忘《わす》るな
勝利の絆《きずな》を

※タゴールの言葉は、「瞑想録」蛯原徳夫訳（『タゴール著作集 7』〈第三文明社〉所収。扉も同）。「わが回想」山室静訳（『タゴール著作集 10』〈第三文明社〉所収）を参照。井上靖氏の言葉は、『四季の雁書』（『池田大作全集 17』〈聖教新聞社〉収録）。

23

師弟に勝《まさ》るものはなし（下）

アメリカの教育哲学者
ジョン・デューイ

私たちの責任は、受け継《つ》いだ
遺産《いさん》としての価値《かち》を守り、伝え、改善《かいぜん》し、
大きくすることである。
そして、あとに続く人たちが
豊《ゆた》かに分《わ》かち合えるようにすることである

どこまでも「共《とも》に」進もう！

——万物《ばんぶつ》が躍動《やくどう》する春三月が到来《とうらい》しました。未来部員も元気に新たなステージへ進んでいきます。

名誉会長　卒業生の皆《みな》さん、晴れの門出《かどで》、おめでとう！　みんな、よく頑張《がんば》ったね。一緒《いっしょ》に、自分自身の万歳《ばんざい》をして、希望あふれる未来を見つめていこう！

進級する皆《みな》さんも、新しい決意に燃《も》えて、模範《もはん》の先輩《せんぱい》と光っていってください。

日蓮大聖人《にちれんだいしょうにん》は、苦難《くなん》にも負けず、心も新たに前進を開始した門下の知らせを聞いて、「春の初めの喜《よろこ》びは、花のように開《ひら》き、月のように満《み》ちている」（御書一五七五ジペー、趣意）と讃《たた》えてくださっています。年の初めに送られたお手紙ですが、新出発をする門下への励《はげ》ましに満ちています。

受験で思うような結果が出ず、悔《くや》しい思いをしている友もいるでしょう。でも、一生懸命《いっしょうけんめい》に学んだという〝努力の歴史〟は誇《ほこ》り高く残ります。〝挑戦王《ちょうせんおう》の宝冠《ほうかん》〟として、わが生命《めい》に輝《かがや》きます。

頑張《がんば》ったけれども、思うようにいかないことがある。それでも、くよくよしないで、次の戦いを目指《めざ》して挑《いど》んでいく。その人が真《しん》の勝利者です。最後に勝つのです。

悲しいことや苦しいことを経《へ》て、人間は鍛《きた》えられる。偉大《いだい》になれる。いつまでも、落ち込んでいてはいけない。

さあ、胸を張って、明るく前向きに、勇気の一歩を踏《ふ》みだそう！

＊

――「師弟に勝《まさ》るものはなし㊤」では、「師弟」について語っていただきました。全国のメンバーから感想や決意が続々《ぞくぞく》と寄《よ》せられています。

「今まで、『師弟』は難《むずか》しいものだと思っていました。しかし、『師弟』は身近《みぢか》にあるのだと感じました」

「池田先生は、私たちのことを『愛弟子《まなでし》』とおっしゃってくださっています。私は、ここまで信じてくださるのかと思い、とても感動しました」

「つらい時でも、池田先生を思えば挑戦《ちょうせん》できるのは、先生と自分の間に、『師弟の絆《きずな》』が存在するからなのだと気づきました。何もこわくはありません。どんな困難《こんなん》にも打ち勝ってみせます」


名誉会長　うれしい。本当にうれしい。

私も毎日、皆《みな》さんと心で語り合っています。皆さんのことを思い浮《う》かべて題目を送っています。

未来部は私の命《いのち》だもの。離《はな》れていても、会わなくても、生命と生命は、強く固く、結《むす》ばれています。

法華経《ほけきょう》には、「在在諸仏土《ざいざいしょぶつど》　常与師倶生《じょうよしぐしょう》（在在《いたるところ》の諸仏の土《ど》に　常《つね》に師と倶《とも》に生《しょう》ず）」――至《いた》るところの諸仏の国土に常に師と共《とも》に生まれる――と説《と》かれています。広宣流布《こうせんるふ》の誓願《せいがん》で結《むす》ばれた師弟は、永遠《えいえん》に一緒《いっしょ》に生き抜《ぬ》き、一緒に戦い抜いていくと約束されているのです。

創価教育の父・牧口常三郎《つねさぶろう》先生と戸田城聖《じょうせい》先生の師弟が、深く敬愛《けいあい》し、学んでおられた人物に、アメリカの偉大《いだい》な教育哲学者であるジョン・デューイ博士がいます。博士は、教育の目的は絶《た》えざる「成長」であり、それ自体が幸福であると考えました。教師と生徒が共《とも》に学び、共に成長していく――教育の根幹《こんかん》も「師弟」なのです。私も、デューイ博士の人生と思想をめぐって、その精神を継承《けいしょう》するヒックマン博士、ガリソン博士と語り合いました。お二人との対話でも、「師弟」が大きなテーマとなりました。

＊

――お二人ともデューイ協会の会長を務《つと》められた大学者ですね。

ガリソン博士は、「ともに探究《たんきゅう》の道を歩《あゆ》む――創価学会の表現でいえば『師弟の共戦《きょうせん》』がきわめて重要になります。師《し》が遙《はる》か先を歩《あゆ》んでいても、師弟はともに強い絆《きずな》で結《むす》ばれています」と述《の》べられています。

ヒックマン博士も、「いかなる危機《きき》に直面してもなお貫《つらぬ》き通し、さらに強まり成長するような〝良き師弟関係〟を呼《よ》び起こし、称揚《しょうよう》する（褒《ほ》めたたえる）ことがとりわけ重要」と語られています。

名誉会長　師弟は、人間生命の真髄《しんずい》の道です。

仏法において、師匠《ししょう》と弟子は、一対一の関係でありながら、別々の存在ではない。上も下もない。それを「不二《ふに》」といいます。

「師弟」は「不二《ふに》」なのです。

ゆえに、どこまでも「共《とも》に」進むのです。

私の恩師《おんし》・戸田先生も、青年の意見を最大に尊重《そんちょう》してくださった。こまかなことにも耳を傾《かたむ》け、青年の真剣《しんけん》な求道心《きゅうどうしん》を、心から愛してくださいました。

私は、折《おり》あるごとに、「大作は、どう思う？」「大作の考えを聞かせてくれ」と、意見を求《もと》められました。

〝一青年にすぎない私のことを、ここまで信じてくださるのか！〟――感動の日々でした。ありがたい師匠《ししょう》でした。

デューイ博士は記《しる》しています。

「私たちの責任は、受け継《つ》いだ遺産《いさん》としての価値《かち》を守り、伝え、改善《かいぜん》し、大きくすることである。そして、あとに続く人たちが、私たちが受け継いだときよりも、さらに確《たし》かなかたちで、その価値を受け継ぎ、さらに多くの人びとのあいだで、豊《ゆた》かに分《わ》かち合えるようにすることである」

これは、博士の墓標《ぼひょう》にも刻《きざ》まれている言葉です。今回は、後継《こうけい》の愛弟子《まなでし》である皆《みな》さんに、このデューイ博士の言葉を贈《おく》ります。

ガリソン博士は、「この精神を完全に成《な》し遂《と》げているのが、創価学会なのです」と評価してくださっています。

少し難《むずか》しい表現になりますが、「師匠《ししょう》は原理」であり、「弟子は応用」です。師匠に学んだことを、弟子が自身の行動で、何倍にも、何十倍にも広げていく。これが、勝負です。

私は青春時代、戸田先生から教わったことを生命に刻《きざ》みつけました。冗談《じょうだん》で言われたようなことでも、絶対にいいかげんにしませんでした。

そして、同志を励《はげ》まし、日本中、世界中に、恩師《おんし》の偉大《いだい》な構想《こうそう》を、具体的に一つ一つ、実現し抜《ぬ》いてきました。

＊

――師弟といえば、デューイ博士にも師匠《ししょう》がいたそうですね。

デューイは、十五歳で当時の高等学校を卒業。大学、さらに大学院へ進学し、哲学を専《せん》攻《こう》しました。この時、モリス教授という師匠《ししょう》と出会います。

名誉会長　モリス教授は、博学《はくがく》の人でした。しかも、それを鼻にかけることなど決してなかった。授業では誠実《せいじつ》に、情感を込めて、分かりやすく教えてくれた。

デューイ青年は、モリス教授の純粋《じゅんすい》さ、一生懸命《いっしょうけんめい》さ、常《つね》に快活《かいかつ》な人柄《ひとがら》に魅了《みりょう》され、いっそう勉学に励《はげ》んでいった。そして、教授に教わった哲学をもとに、さらに偉大《いだい》な思想を形成していったのです。

デューイ博士は、自分の子どもに「モリス」という名を付けました。恩師《おんし》をどれだけ敬《けい》愛《あい》していたか、伝わってくるエピソードです。

みんなは「従藍而青《じゅうらんにしょう》」（藍《あい》より青し）という言葉を聞いたことがあるかな。大聖人《だいしょうにん》も御書《ごしょ》で用《もち》いられています。青色は、藍《あい》という植物の色素《しきそ》から染《そ》められますが、もとの藍よりもさらに鮮《あざ》やかな青になります。

「弟子は、師匠以上に立派《りっぱ》に成長していくべきである」という意味です。私にとっては、未来部の皆さんが「従藍而青《じゅうらんにしょう》」の直弟子《じきでし》です。

ゆえに、君たちよ！

偉《えら》くなれ！　断《だん》じて偉くなれ！

強くなれ！　徹《てっ》して強くなれ！

そして羽《は》ばたけ、広い世界へ！

「師弟不二《ふに》」なるがゆえに、君も必ずなれる。あなたも絶対にできる。

創価の師弟に、不可能《ふかのう》などありません。わが未来部に、あきらめなどない。断《だん》じて、勝利できる！

私は、永遠《えいえん》に、こう叫《さけ》び抜《ぬ》いていきます。

＊

――「まだ師弟について深く理解できたわけではありませんが、くじけそうな時、池田先生の本を読み、題目をあげると、〝今、できることをしよう！〟と思えます。これが今の私の『師弟の道』だと思います」と、素直《すなお》な決意を語ってくれたメンバーもいます。
名誉会長　ありがとう。その心こそ、私の喜《よろこ》びであり、大いなる希望です。

みんなにとって「師弟」の行動は、一日一日の生活の中にたくさんあるんです。

困難《こんなん》を恐《おそ》れずに学ぶ。

父母《ちちはは》を大切にする。

一生涯《いっしょうがい》の友情を築《きず》いていく。

読書に挑戦《ちょうせん》していく。

語学を習得《しゅうとく》していく。

クラブ活動などで心と体を鍛《きた》え抜《ぬ》く。

いじめを絶対に許《ゆる》さない。

題目根本《こんぽん》で、一つ一つ、目の前の課題に立ち向かっていくことが、自身の勝利となる。

それが、やがて、民衆《みんしゅう》の幸福を開《ひら》く力《ちから》となり、世界平和を確立する智慧《ちえ》の源泉《げんせん》ともなるのです。

＊

――「私たち師弟が〝題目で固く強く結《むす》ばれている〟ということは、どういうことでしょうか」という質問がありました。

名誉会長　今（二〇一四年三月）、若田光一《わかたこういち》さんが船長として乗り組んでいる国際宇宙ステーションが、遙《はる》かな天空の軌道《きどう》を回っています。

遠く離《はな》れていても、地球の基地とのやりとりは、電波を使って見事《みごと》に行《おこな》われます。発信機が出す強力な電波を、受信機で受けます。受ける側がスイッチを切らなければ、確実に届《とど》きます。目には見えないけれど、間違《まちが》いなく、つながっているのです。

心と心、生命と生命も同じです。私は、未来部のみんなの大成長を信じ、大勝利を信じて、毎日毎日、題目を送り続けています。

御書《ごしょ》には「題目を唱《とな》える声は、十方世界《じっぽう》（宇宙）で届《とど》かぬところはない」（八〇八ジペー、通解）と説《と》かれるように、最《もっと》も強い生命の波動です。

だから、みんなも、自分自身の大成長と大勝利を確信して、題目を唱《とな》えてください。

師弟一体の祈《いの》りです。間違《まちが》いなく、つながります。

たとえ今、自信が持てなくても、何も心配する必要はありません。努力の人には、必ず「自信の太陽」が昇《のぼ》ります。

大聖人《だいしょうにん》は、「師匠《ししょう》」と「弟子」の心が一致《いっち》すれば、何事でも成《な》し遂《と》げることができるという方程式を示《しめ》してくださっています。

戸田先生は、私を信じてくださいました。

私も、「戸田先生の弟子なんだから、不可能《ふかのう》はない！」と、自《みずか》らに言い聞かせ、戦ってきました。

当時は「不治《ふじ》の病《やまい》」といわれていた結核《けっかく》も乗り越《こ》えることができた。どんな迫害《はくがい》にも屈《くっ》することなく、あらゆる場所で、戸田先生の弟子として、厳然《げんぜん》と勝利の歴史を残しました。

もちろん、若い時代は、常《つね》に心が揺《ゆ》れ動きます。自分のことが嫌《いや》になる時や、可能性《かのうせい》を信じられない時だって、あるでしょう。それでもいい。

私が、その分《ぶん》、いや、それ以上に、みんなのことを信じている。見守っている。祈《いの》り抜《ぬ》いている。

元気に、明るく堂々《どうどう》と、前進してもらいたい。

私たちは、いつでも、どこでも、心で対話ができる。一緒《いっしょ》に悩《なや》んで、一緒に前を向いて、一緒に勝ち進んでいこう！

みんなには、断《だん》じて朗《ほが》らかな大勝利の青春を進んでほしい。喜《よろこ》びあふれる幸福の人生を飾《かざ》ってほしい。これが師匠《ししょう》の心です。

みんなが歩《あゆ》んだ一歩が、そのまま、黄金《おうごん》の師弟の道になる。
さあ、出発しよう！
共《とも》に歩《あゆ》む勝利の道へ！

※デューイの言葉は、"A Common Faith", *The Later Works of John Dewey, 1925-1953*, ed. Jo Ann Boydston, Southern Illinois University Press（扉は要旨）。山田英世著『人と思想 23 Ｊ・デューイ』（清水書院）を参照。ガリソン博士、ヒックマン博士の言葉は、「人間教育への新しき潮流――デューイと創価教育」（「灯台」〈第三文明社〉）。

池田大作（いけだ・だいさく）
1928年（昭和3年）、東京生まれ。創価学会名誉会長。創価学会インタナショナル（SGI）会長。創価大学、アメリカ創価大学、創価学園、民主音楽協会、東京富士美術館、東洋哲学研究所、戸田記念国際平和研究所などを創立。世界各国の識者と対話を重ね、平和、文化、教育運動を推進。国連平和賞のほか、モスクワ大学、グラスゴー大学、デンバー大学、北京大学など、世界の大学・学術機関から名誉博士・名誉教授、さらに桂冠詩人・世界民衆詩人の称号、世界桂冠詩人賞、世界平和詩人賞など多数受賞。
著書は『人間革命』（全12巻）、『新・人間革命』（全30巻）など小説のほか、対談集も『二十一世紀への対話』（A・J・トインビー）、『二十世紀の精神の教訓』（M・ゴルバチョフ）、『平和の哲学　寛容の智慧』（A・ワヒド）、『地球対談　輝く女性の世紀へ』（H・ヘンダーソン）など多数。

未来対話
君と歩む勝利の道

発行日　二〇一四年四月二日
第2刷　二〇二三年八月三十日

著　者　池田大作
発行者　小島和哉
発行所　聖教新聞社
〒一六〇-八〇七〇　東京都新宿区信濃町七
電話〇三-三三五三-六一一一（代表）

印刷・製本　図書印刷株式会社

＊

落丁・乱丁本はお取り替えいたします
定価は表紙に表示してあります
© The Soka Gakkai 2023 Printed in Japan
ISBN978-4-412-01532-6

本書の無断複製は著作権法上での例外を除き、禁じられています